风言风语

依空法师——著

生活·讀書·新知 三联书店

图书在版编目(CIP)数据

风言风语/依空法师著. —北京:生活·读书·新知三联书店,
2016.3
ISBN 978 - 7 - 108 - 05204 - 9

Ⅰ.①风… Ⅱ.①依… Ⅲ.①禅宗－人生哲学－通俗读物
Ⅳ.①R946.5 - 49

中国版本图书馆 CIP 数据核字(2016)第 029075 号

责任编辑　麻俊生
封面设计　储　平
责任印制　黄雪明
出版发行　生活·讀書·新知 三联书店
　　　　　(北京市东城区美术馆东街 22 号)
邮　　编　100010
印　　刷　常熟文化印刷有限公司
版　　次　2016 年 3 月第 1 版
　　　　　2016 年 3 月第 1 次印刷
开　　本　880 毫米×1230 毫米　1/32　印张　5.125
字　　数　85 千字
印　　数　0,001—6,000
定　　价　28.00 元

序 佛学与文学的交汇

从小就对中国古典诗词有一份莫名的亲切感,打从小学三年级会写第一篇作文开始,便立愿要成为一名国文老师。大学理所当然读了中国文学系,硕士负笈日本,进了东京大学印度哲学研究所专研佛学,修中国文学所博士课程的时候,指导教授建议不妨把佛学与文学结合,构筑佛教文学的可能系图。

职是之故,在大学授课期间,除了专业的佛学、文学课程之外,另外开设了佛学与文学的相关学科,例如:禅宗美学、禅宗与文学、禅门诗偈公案选、山水文学、魏晋文学与佛学、佛学与诗学、佛教与文学等,希望借着教学和研究,梳理出佛学与文学的内在关联,并将此作为内证生命实践之外的世学功课。

1999 年 9 月 21 日,台湾发生了百年罕见的惨烈大地震,我衔命坐镇南投赈灾,由于媒体的偏颇报道,佛光山开山宗长星云大师决定创办一份公正、纯净的佛教日报，取名《人间福报》。文字能口诛笔伐，文字也能净化社会人心，传播真善美的珠玑智慧，带给人间正向的福报。短短四个月时间，我放下手边的博士论文，全力以赴，2000年4月1日，《人间福报》终于创刊，我忝为发行人兼社长。

2002年10月，《人间福报》在日本富士山畔的本栖寺举行"世界华文作家联谊会"，世界杰出作家齐聚一堂。时任台湾《联合报》副刊主任的诗人陈义芝先生邀我在该报副刊上开个专栏，我采《诗经》十五国风的诗教，信手写了一年多的《风言风语》，借着古代诗人的感时之作，融入佛学的观照智慧，借古说今，对当今社会的陆离现象，抒发温柔敦厚的美刺寄兴。

2004年5月，美国德维文学协会与《人间福报》在本栖寺举办"佛学与文学的交汇"研讨会。德维文学协会的创办人黄美之女士，与姐姐曾任孙立人将军的秘书，因为孙将军当年的事件，二人受到牵连，遭拘禁数年，后将当局的赔款，取母"德"父"维"的名字，成立德维文学协会，发挥《诗经》怨而不诽的包容精神。我因为在《风言风语》的专栏中，写过几篇佛教文学的游戏小文，引起美国南加州大学教授、诗人张错的兴趣，邀约我到本栖寺发表论文，不揣固陋写了《稼轩词中的佛学情境》，聊为佛教文学书写的粗浅实验。

2010年，《人间福报》十周年庆之际，将尘封已久的《风言风语》旧稿汇编成书，作为《福报》的十岁献礼。2014年，生活·读书·新知三联书店的麻俊生先生，盛意邀我将《风言风语》以简体字在中国大陆付梓发行，结一份文字缘。却不曾想到自己写出的游戏拙文，受到多方善友如此的厚爱，今后只有更用力于佛学与文学的撰写，以文字般若来供养十方大众，是为序。

美国西来大学执行董事　　依空法师
国际佛光会世界总会理事

目　录

序　佛学与文学的交汇 /　1

唯有相思似春色 /　1

水的意象 /　4

莲的联想 /　7

无常是常 /　10

钟声里的禅趣 /　13

大悲 /　16

兄弟 /　19

朝云 /　22

十年生死两茫茫 /　25

家书 /　28

转境 /　31

天容海色本澄清 /　34

宁作我 / 37

守拙 / 40

隐逸 / 43

蝤蛴 / 46

十牛图 / 49

固穷 / 53

僧情不比俗情浓 / 56

灯火阑珊 / 59

狗窦从君过 / 62

送穷 / 65

英雄失路 / 68

六相圆融 / 71

师友 / 74

不垢不净 / 77

沉默的舆论 / 80

桃花·玄都观 / 83

持节云中遣冯唐 / 86

家有恶犬 / 89

三生石上 / 92

养鼠为患 / 95

东坡的痛 / 98

半山老人 / 101

《世说》中的僧人形象 / 104

无门关 / 107

种树哲学 / 110

山水诗人谢灵运 / 113

厕中鼠与仓中鼠 / 116

鸥盟 / 119

材与不材 / 122

时然后言 / 125

东坡与禅门轶事 / 128

净行生活 / 131

大人之行 / 134

郑人买鞋 / 137

疑与不疑 / 140

名实相符 / 143

胡子无须 / 146

黄檗宗师隐元 / 149

寻找禅宗 / 152

唯有相思似春色

春色不限于江南江北,心中的相思之情,
恰似春色之无边无际。

　　王维脍炙人口的送别诗《送元二使安西》:"渭城朝雨
浥轻尘,客舍青青柳色新。劝君更尽一杯酒,西出阳关无
故人。"描写朝雨乍停、轻尘不扬的渭城,只见路旁的杨柳
经过细雨的洗洒,显出青翠的本色,诗人与好友在一派清
新明朗的景色中,进行一场深情依依的离别。诗人殷勤
地劝酒,有意无意延宕分手的时分,浓郁的酒香,弥漫着
彼此的深挚情谊与珍重祝福。《渭城曲》一唱三叹,"阳关
三叠"遂成为唐代以来送别曲的千古绝调。例如刘禹锡
《与歌者何戡》:"旧人唯有何戡在,更与殷勤唱渭城。"白
居易《晚春欲携酒寻沈四著作先以六韵寄之》:"最忆阳关
唱,真珠一串歌。"李商隐《赠歌妓》:"红绽樱桃含白雪,断

肠声里唱阳关。"有唐一代,此曲始终传唱不衰。

王维另有一首送别诗《送沈子福归江东》:"杨柳渡头行客稀,罟师荡桨向临圻。唯有相思似春色,江南江北送君归。"眼前极目所见,一片盎然春色,春色不限于江南江北,心中的相思之情,恰似春色之无边无际,也不限于江南江北。身躯虽然无法相随相送,但是隆情厚意一如春色之无所不在,随君所往而始终相伴。乐府古辞《饮马长城窟行》:"青青河畔草,绵绵思古道。"一片澄新的绿意,充满生机的春色,象征送别情意的凝静、清纯、永恒与生生不息。但是草逢春而翠绿,人则遇春而不知返,不禁让诗人发出"春草年年绿,王孙归不归"(王维《山中送别》)的喟叹,期盼之情细腻流转于言辞之间。

辛稼轩有一首送学生范开求仕的词《鹧鸪天·送人》:"唱彻阳关泪未干,功名余事且加餐。浮天水送无穷树,带雨云埋一半山。今古恨,几千般,只应离合是悲欢。江头未是风波恶,别有人间行路难。"别情浓重,把离别的"阳关曲"唱遍了,都无法抑制心中的郁闷之情。功名是应求、可求、当求的稻粱,但不是人生唯一该求之物,最重要的是珍惜自己,自爱自重,不可因为追求仕宦而失去根本的自我。送别的情意、殷切的祝福,如同汪洋江水、两岸绿树,一路伴随君行,心中的不舍仿佛雨含半山,凄恻难遣。国破家亡、朝政不纲,天下伤心事者多,个人离合最微不足道。"行路难,不在水,不在山,只在人情反复间。"(白居易《太行路》)人生不如自然景象,纵有风涛,尚可预防避开,而"人海阔,无日不风波"(姚燧《喜春来·失题》),故不可不戒慎恐惧。辛词同样写离别之情,兼议世路艰难,开拓送别曲的题材内涵。辛稼轩另外一首《临江仙·再用前韵,送佑之弟归浮梁》:"问谁千里伴君行?晓山眉样翠,秋水镜般明。"取意苍翠的青山、明亮的江水,好像居人送行人的情思,美景一路相送不离,和王维的春色送归有异曲同工之妙。

水的意象

水处卑下而不争，
天下莫能与之争。

　　《论语·子罕》记载，孔子观于河川而发出"逝者如斯夫，不舍昼夜"的慨叹，将流逝的时间比喻成东去的流水，引人萌发生命无常、今昔兴衰的感嗟。郭璞《游仙诗》之四："临川哀年迈，抚心独悲吒。"滚滚流水仿佛消逝的青春岁月，把握不住，充满无奈，是人类千古以来共同的伤感。

　　相对于孔子，孟子与荀子对于水的诠释，充满入世进取、审美观照。《孟子·离娄下》："源泉混混，不舍昼夜，盈科而后进，放乎四海。有本者如是，是之取尔。"取喻君子立身处事要如流水有本有源，才能源远流长。《荀子·宥坐》则将流水人格化、具象化，将人世间的伦理德目比拟成流水形象,塑造了儒家的理想人格:"夫水,遍与诸生而无为也,似德。其流也埤下,裾拘必循其理,似义。其洸洸乎不淈尽,似道。若有决行之,其应佚若声响,其赴百仞之谷不惧,似勇。主量必平,似法。盈不求概,似正。淖约微达,似察。以出以入,以就鲜法,似善化。其万折也必东,似志。是故君子见大水必观焉。"水滋润万物而不居功,顺地形而曲折,义之必循于理,倾泻幽壑而勇猛不疑,盈于容器自然求平,万曲千折必向东流,志坚不移。水具备了仁德、循义、常道、勇敢、法则、公正、明察、善化、守志等美德,把自然流水现象延伸到社会价值层面,寻求人伦与自然山水内在精神的契合,是典型儒家的比德山水观。

道家对水的褒扬更不乏例子。《老子》:"天下莫柔弱于水,而攻坚强者莫之能胜,以其无以易之。""上善若水,水善利万物而不争。"水处卑下而不争,天下莫能与之争,以柔克刚,最弱为最强者,这些理念都成为道家学说的核心思想,学界甚至认为道家是"水的哲学"。《庄子·山木》说:"君子之交淡若水。"相对于小人之交的甘如醴,淡水之交才能隽永、长久。

另外,古人喜欢临水送别,从燕太子送荆轲"风萧萧兮易水寒,壮士一去兮不复还"的悲壮慨歌,到唐宋诗人的"请君试问东流水,别意与之谁短长"(李白《金陵酒肆留别》），以及"无情汴水自东流，只载一船离恨，向西洲"（苏轼《虞美人》），滔滔流动的江水，恰似连绵起伏的别情相思，无穷无极，流水遂成为文学意象中的离别主题。

水，可能是《诗经》中那"巧笑倩兮，美目盼兮"的秋水伊人；水，也可能是《牡丹亭》里杜丽娘伤怀的似水流年；水，更可能是杨慎《临江仙》里"滚滚长江东逝水"的淘尽英雄人物的历史悲叹。"智者乐水"，水就如同智者，展现它多方面的意象，丰富了中国文化的审美意境。

莲的联想

写出莲花的君子形象，
几成千古的定调。

　　汉乐府《江南》诗："江南可采莲,莲叶何田田,鱼戏莲
叶间。鱼戏莲叶东,鱼戏莲叶西,鱼戏莲叶南,鱼戏莲叶
北。"田田莲花,香远溢清,为炎炎夏日带来一股袭人
清凉。

　　莲、荷本属同一科,《尔雅·释草》:"荷,芙蕖;其茎
茄,其叶蕸,其本蔤,其花菡萏,其实莲,其根藕,其中的,
的中薏。"荷花又名莲华、芙蓉、芙蕖、水芝、泽芝、菡萏等,
茎称为茄,叶称为蕸,根(地下茎)生长前期称为蔤,后期
称为藕,种子称为的(菂),种子的中心则为薏。莲花是完
全的经济药用植物,花可观赏,可制成莲花茶,叶可包裹
饭菜,蒸熟成荷包饭,藕可食用,莲心是清凉解毒妙方,莲

子是养生补品。一般植物成长在高原陆地,莲则"根是泥中玉,心承露下珠"(李群玉《莲叶》),长在卑湿污泥之中,象征烦恼可以转为清净菩提,生死忧患为安乐解脱的逆增上缘。一般植物通常先开花后结果,莲则花朵灿烂绽开,蓬生莲子,天台宗称之为"因果同时"。莲、荷虽可通称,但有时称莲,譬如莲蓬头,有时称荷,譬如绣荷包。

莲花在佛教是圣洁的植物意象,善于口才者称为舌灿莲花,《金光明最胜王经》:"舌相广长极柔软,譬如红莲出水中。"眼睛明澈称为莲眼,《大智度论》赞叹佛陀的弟子,多闻第一、妙相庄严的阿难说:"面如净满月,眼若青莲华,佛法大海水,流入阿难心。"志同道合的朋友称为莲友,东晋慧远大师邀集刘遗民、雷次宗等贤士,结莲社于庐山东林寺,首创中国佛教之净土莲宗。以莲花来命名屡见于佛教经典,例如《悲华经》《妙法莲华经》。印度阿旃陀石窟中有一持莲菩萨,神情和煦,深具艺术之美。在雕塑、绘画的佛像艺术造型中,诸佛菩萨更是以莲花为床座,因为莲花具有馨香、清净、柔软、可爱四种特性,象征涅槃境界常、乐、我、净四德,深为佛弟子所喜爱,因此佛教把清净无染的生命方式称为莲花化生。

相对于佛教对莲花的重视,中国历代文人则以酣畅的笔墨对莲花加以描摹,从《诗经》开其端,如《诗经·郑风》:"山有扶苏,隰有荷华。"《诗经·陈风》:"彼泽之陂,有蒲与荷。""彼泽之陂,有蒲与蕳。""彼泽之陂,有蒲菡萏。"《楚辞》续其风:"制芰荷以为衣兮,集芙蓉以为裳。"以荷叶裁制成上衣,以荷花瓣为下裳,取喻洁白无瑕。大梅法常禅师:"一池荷叶衣无尽,数树松花食有余。"其间流露出僧人恬淡少欲的风貌。南唐中主李璟《摊破浣溪沙》:"菡萏香销翠叶残,西风愁起碧波间。"从莲花的凋残,写人生的韶光憔悴,王国维称之有"众芳芜秽,美人迟暮"之感。苏轼《永遇乐·彭城夜宿燕子楼》:"曲港跳鱼,圆荷泻露,寂寞无人见。"周邦彦《苏幕遮·燎沈香》:"叶上初阳干宿雨,水面清圆,一一风荷举。"摹写荷叶上露珠滚动,摇晃掉入池水中的生动景致。历来描绘莲花的文章,以周敦颐的《爱莲说》最能涵括莲的风神:"出淤泥而不染,濯清涟而不妖,中通外直,不蔓不枝,香远益清,亭亭净植。"写出莲花的君子形象,几成千古的定调。

无常是常

诸行无常,说的就是世间没有永远不变的东西,
无常是常理。

　　后汉郑玄解释《易经》时,认为"易"有三义:简单、变易、不易。从后二义来看,世间永恒不变的道理就是不断地变化,变即不变,不变即变。佛教的基本教理"三法印"之一:诸行无常,说的就是世间没有永远不变的东西,无常是常理。

　　何以证明诸行无常,变是一种常轨? 我们生存的物质世界,有成住坏空的现象,月圆月亏,花开花谢,眼看高楼从地起,眼看又被夷为平地。再看有情世界的人类,则有生老病死的循环,有生必有死,有生必有灭,生死无常成为中国文学中经常出现的庄严主题。孔子观于川流,而发出"逝者如斯夫,不舍昼夜"的慨惜。曹操:"对酒当

歌,人生几何?譬如朝露,去日苦多。"(《短歌行》)曹丕:
"人生如寄,多忧何为?今我不乐,日月如驰。"(《善哉
行》)陆机:"人寿几何?逝如朝霜,时无重至,华不再阳。"
(《短歌行》)这些都是对倏忽若寄的人生的喟叹,把生命
譬喻作晨霜、朝露,短暂无常,不可把握。《古诗十九首》
的基本情调在于反映人生苦短,好景不常驻的心理。《今
日良宴会》:"人生寄一世,奄忽如飙尘。"《回车驾言迈》:
"所遇无故物,焉得不速老?""人生非金石,岂能长寿考?"
《驱车上东门》:"浩浩阴阳移,年命如朝露。人生忽如寄,
寿无金石固。"《生年不满百》:"生年不满百,常怀千岁忧。
昼短苦夜长,何不秉烛游。"金石终将化为灰烬,何况危脆
的身躯。《古诗十九首》所吐露的是魏晋六朝社会动荡不
安、生命瞬间殒灭的时代悲音。

　　佛教认为我们的心识生住异灭,天台哲学说"一念三
千",《金刚经》则说"三心了不可得",过去心已经消逝,未
来心尚不可把握,现在心则刹那生灭,因此,心念也是无
常。如果世间一切都是无常,那么人生奋斗的意义何在?
无常如此地令人沮丧,怎么是真理之一呢?既然一切现
象都是无常变化,美好变成坏败是无常,坏空转成成住也
是无常;盛极必衰是无常,否极泰来也是无常。因为无
常,细胞会新陈代谢,疾病可以痊愈;因为无常,"长江后
浪推前浪,世上新人换旧人",世代交替,社会人力清新,

生生不息；因为无常，"公道世间唯白发，贵人头上不曾饶"(杜牧《送隐者一绝》)，警惕世人生起勇猛精进心，珍惜寸阴，经营生命，不可任意挥霍青春。因为无常，人世的困顿终将拨云见日，"进退盈缩，与时变化"(《史记·蔡泽传》)。陶渊明《饮酒》诗说："寒暑有代谢，人道每如兹。达人解其会，逝将不复疑。"世道和自然一样，有代谢、荣衰的无常变化，若能察时顺机，便不再迷惑于俗。陶诗《神释》："纵浪大化中，不喜亦不惧。应尽便须尽，无复独多虑。"体证无常的虚妄性，超越死生祸福，不悦生、不恶死，融合于大化流行之中，与自然合为一体，开创永恒不灭的生命。因此，能够彻悟"无常"之理，正是所以通向"恒常"之道的助缘与途径。

钟声里的禅趣

自那一记钟声打破千古寂寞之后，
钟磬声遂成为寺院的象征。

唐诗人张继有《枫桥夜泊》诗："月落乌啼霜满天，江枫渔火对愁眠。姑苏城外寒山寺，夜半钟声到客船。"自那一记钟声打破千古寂寥之后，钟磬声遂成为寺院的象征。中国诗词中提及钟的作品不在少数，梵寺丛林的钟磬声是诗人们所熟悉的清音。

钟，本来是佛寺重要的法器之一，又称之为龙天眼目。《禅林象器笺》卷十八："禅刹钟有三，大钟、殿钟、堂钟也。大钟者，号令阖山诸堂者。"禅门每日早晚皆需击鼓撞钟，称之"晨钟暮鼓"，朝以撞钟始，接以出堂鼓；暮则先击鼓，要敲打得绵绵密密，象征风调雨顺，然后止静于钟声中，称之开大静。陆游《短歌行》："百年鼎鼎世共悲，

13

晨钟暮鼓无休时。"《敕修清规·法器章》："大钟，丛林号令资始也。晓击则破长夜，警睡眠；暮击则觉昏衢，疏冥昧。"击钟取振聋发聩、精进省觉之意。敲打时有一定规矩，引杵要舒缓，扬声要悠长，共一百○八声，取喻破除百八随眠烦恼。鸣钟时，行者还需观想，念偈云："愿此钟声超法界，铁围幽暗悉皆闻。闻尘清净证圆通，一切众生成正觉。"钟声是救度众生出离铁围地狱、成等正觉的"如来信鼓"。明代凌云翰《雪湖八景次瞿宗吉韵·南屏雪钟》："一百八声才击罢，雷峰又点塔中灯。"佛寺以钟声为始，展开丛林的一朝风月，也以钟声为结束，完成一日的修行。

王维《过香积寺》："不知香积寺，数里入云峰。古木无人径，深山何处钟。"刘长卿《送灵澈上人》："苍苍竹林寺，杳杳钟声晚。"悠渺的钟声响自深山修林，引发文人心灵深处的共鸣。孟浩然《夜归鹿门山歌》："山寺鸣钟昼已昏，渔梁渡头争渡喧。"从渔梁渡口人们抢渡归家的喧闹嘈杂，衬托出寺院的宁静祥和。常建《题破山寺后禅院》："清晨入古寺，初日照高林。曲径通幽处，禅房花木深。山光悦鸟性，潭影空人心。万籁此都寂，但余钟磬音。"曲径通幽处，古刹掩映在花木丛里，僧人早课的梵唱钟磬声，更显出万籁寂然，把人引进空灵清净的禅悦境界。白居易《寄韬光禅师》："前台花发后台见，上界钟声下界闻。"巧妙描写钟声清扬于上下两座天竺寺之间。陆游则将钟声譬喻作太华峰上通悟禅师的狮子吼:"举头仰望太华峰,摄衣欲往路无从。忽然梦断难再逢,空记说法声如钟。"(《梦入禅林有老宿方升座或云通悟禅师也》)宋人古成之进而把钟声视为超脱红尘名缰利锁,清心净虑的警策妙音:"红尘一下拘名利,不听山间午夜钟。"(《忆罗浮》)杜甫《游龙门奉先寺》:"欲觉闻晨钟,令人发深省。"宋代沈瀛《卜算子》:"睡觉五更钟,正好深提省。只看如今梦几般,觉后原无影。明暗若从来,且道来从甚。不是空生不是根,认取真如性。"钟声让人醒寤提省,从中证悟自家真如本性。唐代皎然禅师《闻钟》:"古寺寒山上,远钟扬好风。声余月树动,响尽霜天空。永夜一禅子,泠然心境中。"太虚大师当年闭关于普陀山,夜闻暮钟止静,证入禅定,出定时只觉晨钟泠然响于耳畔,一夕仿佛刹那,坐断时空。

生活在动荡的尘嚣,有时不妨放下身边的俗事,走入山寺,去聆听那千古如一的梵钟,感悟一点禅趣。

大悲

不为自己求安乐,但愿众生得离苦。

这就是大悲心。

天宝十四载,"渔阳鼙鼓动地来",爆发了安史之乱,结束开元盛世,中国从此陷入更漫长、更黑暗的动荡时代,影响了许多人的境遇。大诗人杜甫出生于开元前一年,卒于代宗大历五年,目睹唐代国势由盛转衰的历史过程,诗人晚年的羁旅生涯和长安夕阳紧紧系在一起。

安史乱起,杜甫由长安返奉先探望家属,一路看到"朱门酒肉臭,路有冻死骨"的悲惨状况。备尝艰辛抵达家门,却听到一片号啕哭声,因为"幼子饥已卒"。稚子何辜,生逢乱世,诗人深深自责:"所愧为人父,无食致夭折。"(《自京赴奉先咏怀五百字》)虽然自己想克制悲哀,但是邻里也为之呜咽。孰令致之,实是世乱之过。

16

战乱中,杜甫携带妻小逃避贼兵,从长安而秦州(今甘肃天水)至成都,徒步跋涉一千余里,《彭衙行》淋漓描绘举步维艰的情形:"一旬半雷雨,泥泞相牵攀。既无御雨备,径滑衣又寒。"小女儿饥肠辘辘,咬啮父亲的手充饥:"痴女饥咬我,啼畏虎狼闻。怀中掩其口,反侧声愈嗔。"对于战争的残酷、民生的凋敝,杜甫用醇厚的笔力,作了最真切的指陈。

一家人栖居成都,建草堂于浣花溪畔,面对忧患的局势,郁闷的窘境,亦能自得其乐:"老妻画纸为棋局,稚子敲针作钓钩。"(《江村》)只是屋漏偏逢连夜雨,八月秋风怒号,卷走屋上三重茅,偏偏"南村群童欺我老无力,忍能对面为盗贼,公然抱茅入竹去"。纯真无邪的孩童怎会为贼?"不为困穷宁有此",整个国家经济困顿,使得百姓家业随之荡尽。少了茅棚的草堂是"床头屋漏无干处,雨脚如麻未断绝"。蛰居在草屋的诗人则"自经丧乱少睡眠,长夜沾湿何由彻"。遭逢如此偃塞的困境,诗人脑中翻腾的是"安得广厦千万间,大庇天下寒士俱欢颜,风雨不动安如山。呜呼!何时眼前突兀见此屋,吾庐独破受冻死亦足"(《茅屋为秋风所破歌》)!跳出吾庐独破的个人悲情,激发民胞物与的博大胸襟,展现关怀整个时代、人民苦难的宽大境界。这种光辉人格正是杜甫所以成为集大成之大诗人的原因。后来白居易的"争得大裘长万丈,与

17

君都盖洛阳城",就是出自杜甫的诗意,但是气势不及杜诗的雄浑有力。宋代王安石《杜甫画像》赞叹说:"宁令吾庐独破受冻死,不忍四海冷飕飕。伤屯悼屈止一身,嗟时之人我所羞。所以见公画,再拜涕泗流。唯公之心古亦少,愿起公死从之游。"流露出从而效之的仰慕之情。

《梁溪漫志》卷四记载:东坡从儋耳获赦北归,卜居常州阳羡,托邵民瞻为他买一宅屋,了却他多年相田买屋、免家人流离失所的心愿。新屋共五百缗,东坡倾囊仅能偿之。当夜步至一村落,听一老妇哭声凄恻,好似失却难以割舍之爱。一问,原来不肖子孙典卖祖传百年老屋,正是东坡竭尽所有财产所购房子。东坡当下取出房契烧毁,还屋老妪,并且不讨回屋款,只好暂借住友人家,一个月后,竟殁于借居。

佛教有一位大悲观世音菩萨,他"千处祈求千处应,苦海常作度人舟"。所谓大悲,意指悲大众饥溺苦难的悲悯胸襟,而不是个人得失、宠辱的悲欢之情。《华严经》云:"不为自己求安乐,但愿众生得离苦。"范仲淹名言:"先天下之忧而忧,后天下之乐而乐。"这就是大悲心,如杜甫、苏轼者,就是现实生活中的大悲菩萨。

兄弟

对着当空皓月，苏轼想起七年未见的弟弟，
写下千古名篇《水调歌头》。

　　中国文化史上有许多杰出的兄弟档，举其荦荦大者，
譬如西晋文学家的三张二陆。张载、张协、张亢三兄弟，
皆有文藻，尤其张协诗文风格素淡，何焯曾将他与陶渊明
并称。陆机、陆云出身三国吴名门之后，一家族有二丞
相、五侯，将军十余人。吴灭于晋，二陆入洛阳，文才倾动
一时。后因八王政争，遭诬陷冤杀，家族无一幸免。东晋
葛洪赞叹二陆文章如玄圃积玉。尤其陆机，唐太宗称他：
"百代文宗，一人而已。"所作《文赋》为古代第一篇文学理
论，提出"诗缘情而绮靡"的诗学主张，使得中国诗学从注
重"言志"，走向抒发情感的纯文学，开拓刘勰《文心雕
龙》、锺嵘《诗品》等文学批评论著的基础。

唐代的著名兄弟诗人，如王维和王缙、白居易和白行简，皆手足情深。天宝十四年，安禄山叛变，陷长安城，王维为贼兵所执，被迫受伪职，幽禁于菩提寺经藏院。诗人作《凝碧池》诗思念唐室："万户伤心生野烟，百官何日再朝天；秋槐叶落空宫里，凝碧池头奏管弦。"唐肃宗收复两京之后，论罪刑罚，王维因为有前诗表忠悃之志，加上弟王缙请削去官职为兄赎罪，幸以身免。王氏兄弟戮身赴难，困厄不舍的友爱精神，真是典范在夙昔。

　　宋代的俊秀昆仲，莫过于理学家程颢、程颐，大文学家苏轼、苏辙了。二程兄弟虽为同胞，但是生命情调迥异。大程德性宽宏，以光风霁月为怀；二程气质刚方，以峭壁孤峰为体。

　　曹丕曾有《七步诗》："煮豆持作羹，漉菽以为汁。其在釜下燃，豆在釜中泣。本自同根生，相煎何太急！"相对于曹丕、曹植兄弟的"相煎何太急"，苏轼和苏辙是最为深情的一对兄弟。嘉祐五年，二人投宿怀远驿中，准备制科考试，风雨之夕，对床夜话，握手盟约日后功成身退，双双归隐山水，永续手足之情。多年中，二人常有诗记此誓言："寒灯相对记畴昔，多雨何时听萧瑟，君知此意不可忘，慎勿苦爱高官职。""芒鞋不踏利名场，一叶轻舟寄淼茫。林下对床听夜雨，静无灯火照凄凉。"熙宁七年，苏轼从江南杭州调赴北国密州，正是萧飒深秋，心绪萧索，以

《沁园春》追忆起兄弟二人曾经的风华正茂和万丈豪情："当时共客长安，似二陆初来俱少年。有笔头千字，胸中万卷。致君尧舜，此事何难？"但是岁月流逝，仕途奔波二十年一无所成。次年中秋，对着当空皓月，苏轼想起七年未见的弟弟，写下千古名篇《水调歌头》，相期"但愿人长久，千里共婵娟"。苏轼后来遭遇小人诬陷，身陷囹圄，回忆夜雨对床旧约永远无法实现，提笔写下绝命诗："是处青山可埋骨，他时夜雨独伤神。与君世世为兄弟，又结来生未了因。"读来凄恻幽怨。史上手足情谊如此真切，无能出其右者。兄弟二人经年累月游宦各地，不能相聚，东坡《颍州初别子由》说："近别不改容，远别涕沾胸。咫尺不相见，实与千里同。人生无离别，谁知恩爱重。"从执手凝噎相别中，愈发觉得思念缱绻，形体虽关山阻隔，心灵却紧系在一起。

六十六岁的苏轼，获赦度岭北归，至常州瘴毒大作，自知不久人世，写信给苏辙："即死，葬我嵩山下，子为我铭。"了解子瞻者，莫过子由。《东坡先生墓志铭》说："抚我则兄，诲我则师，皆迁于南，而不同归。"至死不舍。此后十余年间，子由筑居耕读，抚育兄弟二人的儿子，东坡幼子苏过在《祭叔父黄门文》中说："维二父之笃爱，推其余于子孙。"由对兄长的敬重而推及对其后人的慈爱。苏氏兄弟的深厚情谊，千年之后仍散发感人的光辉！

朝云

不合时宜,唯有朝云能识我;
东坡对朝云的情感是心灵相契的同参道友。

　　苏轼是中国文学史上难得一见、全方位的大文学家,无论是诗、词、文、书、画、文学理论等,都有登峰造极的成就,对于两宋文艺之辉煌发展,实有不可磨灭的领袖之功。他一生大起大落,曾荣登中书省、知制诰,直接参与国家大政及朝廷百官的选派,并被任命为翰林侍读学士,贵为天子之师。也曾因为"乌台诗案",命如赴汤火之鸡,后来更一再遭贬谪至蛮荒的海南。他一生饱尝生离死别,先是为程氏母和父亲苏洵服丧归蜀,夫人朝云为他生一子,不满周岁便夭折,东坡自述:"吾年四十九,羁旅失幼子……吾老常鲜欢,赖此一笑喜。"暮年遭丧子之痛,情意悲切,读之凄恻!

他前后三位夫人都比他早逝，原配王弗十六岁嫁他，结缡十一年死亡；王弗堂妹王闰之和东坡患难与共二十五年，享年仅四十八岁。苏轼的《朝云墓志铭》说，朝云十二岁进苏家，二十三年间随东坡升陟贬黜，始终不离不弃，绍圣三年死于惠州，卒年三十四岁。这一位戏称东坡一肚子"不合时宜"的女子，是诗人流放生涯中的知心挚友。

在黄州时，一日，苏轼读《白乐天集》，记载年近七旬的白居易，决定返璞归真，卖掉宝马，尽遣家妓。但是宝马却频频回头鸣嘶，爱妾樊素则泫泣依依，不忍相离，乐天不能忘情，遂留下樊素与宝马。第二年诗人曾作诗慨叹："病与乐天相伴住，春随樊子一时归。"绮旎年华的樊素终究还是飘然离去。相较之下，朝云的相守不渝，令东坡更为珍惜。《朝云诗》说："不似杨枝别乐天，恰如通德伴伶玄。阿奴络秀不同老，天女维摩总解禅。经卷药炉新活计，舞衫歌扇旧因缘。丹成逐我三山去，不作巫阳云雨仙。"把朝云譬喻成《维摩经》中的散花天女，不仅有唐代樊素的才艺，东汉通德的深情，东晋李络秀的坚毅，更有天女的清丽容貌与超凡智慧。

朝云始不识字，笃信佛教，与苏轼共建放生池，广施慈悲，曾从义冲比丘尼学佛，能解佛法大意。临死时，诵《金刚经》六如偈"一切有为法，如梦幻泡影，如露亦如电，应作如是观"而绝，葬于栖禅寺。墓铭说她："浮屠是瞻，伽蓝是依。如汝宿心，唯佛之归。"以寺院为生命最后依归。栖禅寺僧特为她建亭于墓前，称为"六如亭"，亭柱上镌有东坡撰写的楹联："不合时宜，唯有朝云能识我；独弹古调，每逢暮雨倍思卿。"东坡对朝云的情感，已超越巫山神女之爱恋，而是心灵相契的同参道友。朝云殇亡后，东坡的悲痛是可想而知的，因此写下感人的诗篇《西江月·梅花》："玉骨那愁瘴雾，冰肌自有仙风。海仙时遣探芳丛，倒挂绿毛幺凤。素面翻嫌粉涴，洗妆不褪唇红。高情已逐晓云空，不与梨花同梦。"《悼朝云》诗："苗而不秀岂其天，不使童乌与我玄。驻景恨无千岁药，赠行唯有小乘禅。伤心一念偿前债，禅指三生断后缘。归卧竹根无远近，夜灯勤礼塔中仙。"以冰肌玉骨的梅花来比喻朝云的丽质天生、高雅脱俗，但是蛾眉却遭天妒，生命尚未绽放便已凋零。扬雄的儿子童乌况且活至九岁，能与父亲谈玄说妙，而二人的骨肉却周龄夭折。一弹指间三世情爱已断，后续无缘，只有夜夜勤礼舍利塔，期盼龙华三会再相逢。东坡对朝云的真醇感情，清代何绛赞叹说："试上山头奠桂浆，朝云艳骨有余香。宋朝陵墓皆零落，嫁得文人胜帝王。"（《朝云墓》）千古以来让多少文人雅士为之倾心低吟。

十年生死两茫茫

不思量自是难忘,何况日日思量。

　　中国传统文化注重慎终追远,儒家主张厚葬久葬,对于亡故亲人的哀悼诗文自古有之,蔚为大观。《仪礼》《礼记》《孝经》记载有关奔丧、丧服的丧葬礼节。《文心雕龙》《昭明文选》则将诔碑、哀吊、挽歌、祭文等列为文体之一。历代有不少诗人写下脍炙人口的悼亡诗篇。

　　庄子妻亡,鼓盆而歌,以为生死本自一如,方生方死,方死方生,展现齐生死的睿智与洒脱风神。西晋诗人潘岳,以善写哀悼诗文称名于世,他有三首《悼亡诗》。潘岳妻亡周年,诗人将重返原官任所,从"荏苒冬春谢,寒暑忽流易"的时序推移变化中,引发起对妻子的种种思念与回忆:"如彼翰林鸟,双栖一朝只。如彼游川鱼,比目中路析。"但是,一旦面对功名富贵的召唤,潘岳对于相守二十多年,一朝溘然长逝的妻子,喊出的竟然是"淹留亦何益""俛俛恭朝命,回心返初役。"昔日恩爱不及权位的诱惑。史上说他趋炎附势,望尘而拜,文品如人品,连至情至性的悼亡诗也写得风格低俗。

唐代诗人元稹也有三首《遣悲怀》悼念妻子:"谢公最小偏怜女,自嫁黔娄百事乖。顾我无衣搜荩箧,泥他沽酒拔金钗。野蔬充膳甘长藿,落叶添薪仰古槐。今日俸钱过十万,与君营奠复营斋。"(其一)韦蕙丛二十岁嫁元稹,七年后便病逝。诗人将妻子喻为东晋名相谢安最怜爱的侄女谢道韫,自况为战国贫士黔娄。诗中描写妻子屈身下嫁自己备尝艰辛困厄,以野菜充饥,拾槐枝以为薪,还要典当头上金钗,为丈夫沽酒解馋。今日自己虽然俸禄优渥,二人却无法同享,只能以丰厚祭奠来超荐亡妻。"唯将终夜长开眼,报答平生未展眉。"(其二)诗人决定终夜开眼不睡,来报答"贫贱夫妻百事哀"刻骨铭心的恩爱情谊。此诗情痴语真,缠绵悱恻,清代蘅塘退士评论为"古今悼亡诗充栋,终无能出此三首范围者"。堪称古今悼亡诗的绝唱。

苏轼的《江城子》是梦忆原配王弗的经典名篇:"十年生死两茫茫。不思量,自难忘。千里孤坟,无处话凄凉。纵使相逢应不识,尘满面,鬓如霜。夜来幽梦忽还乡。小轩窗,正梳妆。相顾无言,唯有泪千行。料得年年肠断处,明月夜,短松冈。"王弗十六岁嫁给子瞻,结缡十一年不幸去世。岁月流逝,苏轼对亡妻的思念却与日俱增。恩爱夫妻生死悬绝,十年长别,王弗孤坟远在四川眉山,冷落苍凉;子瞻则因为反对王安石变法,政治受压抑,到密州就任后,又逢凶年,饱受世道煎熬,憔悴枯槁。时空的阻隔,幽冥的界限,鹣鲽情深的伴侣,永相睽离,不思量自是难忘,何况日日思量。只能无言相见于梦中,欲言还休,"此时无声胜有声"的沉痛之感益发深刻。梦短情长,梦醒之后,是更为凄清幽独的情思。苏轼的悼亡词一改潘、元二人叙述回忆的笔法,直抒胸臆,以抒情为主。在悼念妻子的哀思中融入了"世路无穷,劳生有限,似此区区长鲜欢"(《沁园春·孤馆灯青》)的郁勃心境,表达了对生死主题的探讨,为中国文学史上第一首悼亡词,突破"词为艳科"的传统窠臼,对于宋词题材与意境的开拓,有深远的贡献。

家书

家书、家训,作为中国文化的特殊文化之一,
其发展源远流长,其影响既深且巨。

唐代大诗人杜甫《春望》诗:"烽火连三月,家书抵万金。"战祸频仍的年代,亲人平安的书信固然弥足珍贵,平常的岁月里,鱼雁往返,则是维系一家心灵的重要凭借。从古诗"呼童烹鲤鱼,中有尺素书",到今日的电子传讯,家书、家训,作为中国文化的特殊文体之一,其发展源远流长,其影响既深且巨。

西汉刘向《诫子歆书》,援引历史事例,警诫儿子刘歆祸福相倚、吉凶相随的道理,切忌恃宠骄奢,是现存史料中最早的诫子篇。东汉古文经学家郑玄有《诫子益恩书》,勖勉儿子继承父业,"案之礼典,便合传家"。并且教示儿子要"菲饮食,薄衣服",勤力务实。三国诸葛亮的

《诚子书》，短短八十六字，字字珠玑，关涉为学做人的具体道理，例如："静以修身，俭以养德。""非澹泊无以明志，非宁静无以致远。"千年后读之，仍然散发璀璨的智慧之光。

北齐颜之推著有《颜氏家训》，全书二十篇，其中《风操》《慕贤》《勉学》诸篇，树立了家庭伦理观，明确指陈修养规范，对于当今日渐浇薄的人心，仍有振聋发聩的功效。本书同时具有了解南北朝习俗、风尚、制度、语言等的文献价值。北宋司马光的《训俭示康》，是许多学子童蒙时期必读的美文，尤其"由俭入奢易，由奢入俭难"已经成为颠扑不破的千古名言。明朝朱用纯的《朱子治家格言》提出："一粥一饭，当思来之不易；半丝半缕，恒念物力维艰。"阐述知足感恩、惜物惜福的观念，经常为佛门所引用，甚至书写于斋堂之中，作为警策。其中还有诸多名句："居家戒争讼，讼则终凶；处世戒多言，言多必失。""凡事当留余地，得意不宜再往。""善欲人见，不是真善；恶恐人知，便是大恶。"通篇俯拾即是，对于斗狠、躁进、沽名、伪善之徒，仿佛当头之棒喝，发人深省。

东汉马援出战交趾，闻侄子仼恃叔父威望，好结交游侠，讽讥时政，便于军事倥偬之际，写了《诫兄子严敦书》，告诫二人。马援视侄子如己出，以父母送女出嫁亲为施衿结缡的心情，谆谆教诲，循循善诱，流露呵护关顾的慈爱,没有严厉的指责,委婉申诫二位侄儿:"闻人过失,如闻父母之名。"不可论讥人之长短,好做讽讥。并且举出两种当学与不当学的类型人物,要二人选择善知识亲近学习。例如龙伯高敦厚周慎,谦约节俭,廉公有威,不好臧否人物,效法不来,好比雕刻鹄鸟不成,至少还像一只野鸭,不失为谨言慎行的人。反之,如杜季良豪侠好义,忧人之忧,乐人之乐,清浊无所失,黑白两道都能左右逢源,如果没有拔萃的才性,贸然学之,则画虎不成反类犬,沦为天下轻薄子。这位立志"男儿要当死于边野,以马革裹尸还葬耳,何能卧床上在儿女子手中邪"的伏波将军,除了有骋驰沙场的干云豪气之外,从这封家书,更能读出他爱悯子弟的长者风貌,作为历史上一位伟大的人物,马援的成就是多层面的。

转境

人生不如意事常十之八九，如何过得逍遥自在？
转化环境，改变心情，必有一番新气象。

人生几十寒暑，不如意事常十之八九，如何过得逍遥自在？转化环境，改变心情，必有一番新气象。禅诗说："平常一样窗前月，才有梅花便不同。"转境功夫，包含深层多样的含义。

从自然现象来看，地球自转，绕着太阳公转，"四时行焉，万物生焉"，春夏秋冬因此运行嬗递，草木禽鸟赖以栖息滋生。从生理情况来看，人体定期新陈代谢，细胞周而复始，轮转修复，生命得以生生不息。从人事发展来看，"长江后浪推前浪，世上新人换旧人"。十年河东，十年河西，进退出处，要有豁达的胸襟。临水登高，寻幽访胜，走到尽头，要懂得转身。俗谚说："山不转路转，路不转人转。"甚至别人不转时，自己要能转。唐诗人王维说："行到水穷处，坐看云起时。"陶渊明不就因此转出人间向往的桃花源！最糟的是固执不通，不知回转，失足悬崖；更可忧惧的是见风转舵，斯文沦丧，出卖了自己，迷失了心性。

《坛经》云："心迷法华转，心悟转法华。"以迷惑的心来对待世界，清明也变成混沌；反之，以觉悟的心来观照人间，必能转昏蒙为澄净。日常生活中，自然气候变化，乃至一个人，一件事，一句话，一点脸色，都可能牵动纤细的心思，得失宠辱，忧喜哀乐，上下浮沉其间。心，负荷何其沉重！当环境不能改变时，要运用智慧去转变心境，所谓"心能转境，不随境转"。李颀《送陈章甫》："东门酤酒饮我曹，心轻万事皆鸿毛。"心中若无挂碍，春花秋月皆是赏心乐事。

佛教唯识哲学最高的理想是转识成智。识，是了别、差别的意思，强作善恶、美丑、高下、贫富、贵贱的对待差别。智，是泯除差别对待的平等、统一、圆融、绝对的境界。禅宗三祖僧璨《信心铭》说："至道无难，唯嫌拣择，但莫憎爱，洞然明白。"世间一切烦恼、纠葛，来自妄念拣别，爱恨感情因此产生。简单言之，"转识成智"就是把不好之念转化成美善之举。譬如转小为大，把狭隘的心思转成宽大心量；转贪为舍，把贪婪习性转成喜舍结缘；转嗔为悲,把暴戾乖行转成慈悲懿举;转痴成智,把愚痴心念净化为圆满菩提;转私为公,培养公德心,少一些私欲;转自为他,凡事多为他人着想,多一点同理心;转迷成悟,把无明迷思升华为般若智慧,开发自我。

世间的幸与不幸,没有绝对标准,端在一念之转,能转身便能海阔天空,鱼跃鸢飞;不能转身,则一失足成千古恨,空留遗憾。"山重水复疑无路,柳暗花明又一村。"祸兮福之所倚,塞翁失马,福祸难测。遇到困境,要能转,不可钻,钻牛角尖,空间愈狭窄,必然窒息而死。韦应物《郡斋雨中与诸文士燕集》诗:"理会是非遣,性达形迹忘。"又说:"神欢体自轻,意欲凌风翔。"有柔性、有原则,依智慧而转,则世界将更宽阔,生活将更愉悦!

天容海色本澄清

自己清白如皎月，人间的毁誉称讥，都是多余的描绘。

　　自古以来，帝王对于忤逆自己的大臣，最惨烈的惩罚就是贬谪，不断地放逐，让谪宦变成孤臣，身心无法安顿，更无法有所建树，生命日益枯萎。自殷商以来，历朝制造不少的流人，例如屈原、李白、柳宗元、刘禹锡、韩愈、苏轼、黄庭坚等人，皆为历史上第一流的大文学家、大思想家、大政治家，他们或被流放于瘴疠的岭南，或迁逐于僻荒的西北，真所谓"天下才子半流人"。

　　面对朝廷严峻的罢黜，文人表现出来的风貌也各有不同。唐代诗人柳宗元参与"永贞革新"运动，遭阉宦迫害，史上称为"二王八司马事件"。刘禹锡虽上有八十岁的老母，仍被贬至播州（今贵州遵义），柳宗元自愿以柳州

34

相换,患难却见金石真情,二人有诗相酬唱:"二十年来万事同,今日歧路忽西东。皇恩若许归田去,晚岁当为邻舍翁。"相惜相契,情逾手足。

柳宗元贬永州、柳州十四年,当地环境恶劣,毒蛇猛兽出没,文化落后,诗人不仅备尝健康的损害、物质的匮乏,更饱受精神的孤独。他积极关心民瘼,废奴婢买卖恶习,振文教,鄙陋之风为之一变。浩初禅师至柳州探望他,同游山水,有诗篇:"海畔尖山似剑铓,秋来处处割断肠。若为化得身千亿,散上峰头望故乡。"想象自己像诸佛菩萨一样,千百亿化身应现各个山峰,登高临远,引颈企盼归乡之路。

韩愈因为谏迎佛骨,触怒了宪宗,被贬至潮州,侄孙韩湘自长安南下来送行,昌黎有《左迁至蓝关示侄孙湘》诗:"一封朝奏九重天,夕贬潮州路八千。欲为圣明除弊事,肯将衰朽惜残年。云横秦岭家何在?雪拥蓝关马不前。知汝远来应有意,好收吾骨瘴江边。"与侄儿作人生诀别,一派萧索、忧惧的景象,没有昔日雄健、俊爽的气概。大诗人面对生死大事,仍然很难洒脱超越。

相对于韩愈的掩泪凄楚,东坡遭人生横逆,别有一种旷达通脱。他自述一生:"问汝平生功业,黄州惠州儋州。"别人官愈做愈大,居宫阙之上,而自己却愈贬愈荒僻,离权势核心愈远。但是东坡每贬一处,很快便融入当地的族群、民情之中，展现和光同尘的超人魅力。他初到黄州："长江绕郭知鱼美，好竹连山觉笋香。"以黄州的修竹，寄托自己不屈的气节。惠州盛产荔枝，东坡有诗咏叹："日啖荔枝三百颗，不辞长作岭南人。"大有终老于穷乡僻壤的打算。东坡摆落困厄的功夫，堪称绝妙。但是看到汉唐两代，百姓因为进献荔枝而惨遭死亡时，诗人发出"我愿天公怜赤子，莫生尤物为疮痏"的人道关怀。晚年被贬至海南儋州，东坡干脆说："我本儋耳民，寄生西蜀州。"入境随俗，和黎民嚼起槟榔。面对政敌无情的打击，东坡没有怨艾，自许为殷商的箕子："天其以我为箕子，要使此意留要荒。他年谁作舆地志，海南万里真吾乡。"以开启民智、传播文化为己任，胸襟磊落，不见哀伤个人生死的凄怆之气。元符三年获释北归，夜渡琼州海峡，一轮素月浮出海面，东坡慷慨以歌："云散月明谁点缀，天容海色本澄清。"政敌的一切诬陷仿佛乌云蔽月，终已消散。"何其自性本自清净"，自己清白如皎月，人间的毁誉称讥，都是多余的描绘。"九死南荒吾不恨，兹游奇绝冠平生。"我们看到的是诗人胸无纤尘、光风霁月的生命情调。

宁作我

人间走遍却归耕。一松一竹真朋友,山鸟山花好弟兄。

南宋词人辛弃疾有一首作于博山寺的《鹧鸪天》词:"不向长安路上行,却教山寺厌逢迎,味无味处求吾乐,材不材间过此生。宁作我,岂其卿。人间走遍却归耕。一松一竹真朋友,山鸟山花好弟兄。"

辛弃疾号稼轩,生于南宋高宗绍兴十年,山东历城人。出生前十三年,宋室遭靖康之难,山东沦于金人之手。少年的稼轩随着祖父两次登临燕山,谛观形势,一生心愿亟思恢复宋朝故土。绍兴三十一年,金主完颜亮大举南犯,济南耿京等纷纷聚众起义,稼轩鸠众二千,为耿京书记,力劝他归顺南宋。次年正月,奉表归宋,高宗召见于建康。闰二月,北归途中闻耿京为张安国所杀,诗人

37

赤手率领五十兵骑,径趋金营五万大军中,掳张安国至建康斩首。稼轩词自称"壮岁旌旗拥万夫",英雄气概,时年二十三岁。

稼轩既深谙军韬兵略,又处宋金交战之秋,南宋正需要栋梁人才,运筹帷幄,共谋军机。但是稼轩作为从沦陷区外来投诚的归正人,始终遭到有意无意的排挤提防。南归四十多年中,虽然三次被任命出仕,但是多为地方官职,沉浮于下僚,无法参与国家大事。其中二十多年,更三度落职,被迫投闲置散。眼看国家这座大厦日益倾颓,而诗人明明为擎天之柱,有才干挽狂澜于既倒,但是"却将万字平戎策,换得东家种树书",不为朝廷所信任。只好寄情山水,抒发幽愤,稼轩词中英雄失路的悲慨孤独,读来让人格外心疼。这首词正是壮年遭劾退居上饶的作品。

长安自殷周至唐,十个朝代都曾建都于此,长安遂成为帝都的通称,是权势富贵的象征。自古来有多少人奔逐于官宦仕途,为求位居要津。而诗人却厌倦朝市的纷扰斗狠,政治的尔虞我诈,向往山林的澹泊恬静,远离尘嚣,竟日往寺院寻幽访胜,惹得僧人疲于接待。人生当在老子"为无为,事无事,味无味"中求得平衡,酸甜苦辣的五味令人口爽,绝对的权力滋味,容易令人迷失堕落。人生的况味、生命的兴味,要蕴藉涵泳,细细品茗。《庄子·

山木篇》描绘山中神木因为不材而得保天年,雁鸟却因为不材而遭杀戮,人生在无用、大用之间如何寻求中庸之道？锋芒毕露,"蛾眉曾有人妒";反之庸庸碌碌,尸位素餐,对家国、苍生一无贡献,将与草木同朽。

云门禅风有三关,世间却有名关、利关、情关、恭敬关、权力关……人生的关隘何其多！瑞岩禅师坐在岩石上,天天自问自答:"瑞岩！主人你在吗？""在！"人生当要活出自我,宁可耕种于田亩之间,做自己的主人,自在逍遥,也不周旋于庙堂,做名利的奴仆。世态的炎凉,人间的秽浊,都看遍、看透、看淡了,不如归耕山野,"宜醉宜游宜睡……管竹管山管水"(辛弃疾《西江月》)。世上的朋友如秤,趋炎附势,称我轻重;世上的朋友如华,锦上添花者多,雪中送炭者几希。不如青松之后凋不弃,翠竹之凌云有节,山鸟山花之浑然忘机,才是真正的朋侪挚交。稼轩这首苦语针砭的论世之作,表面故做出世语,实为愤极语,虽有怨悱不平,但是更有立身行事的通脱旷达,磊磊落落,读之凛然洒然,值得赏吟。

守拙

人生在世不必太聪明,更不可逞聪明,不仅要藏拙,更要养拙。

庄子《达生篇》有一则寓言:纪渻子为齐王养斗鸡,过了十天,齐王迫不及待地问:"我的鸡可以上战场了吗?""不可!此鸡性情骄矜,相斗必败。"再过十天,齐王又催问,纪渻子仍然说:"它听到外面声响,就咯咯回应;看到外面影子晃动,就心浮气躁,易受外境牵动,不宜打仗。"数十天过去了,齐王终于按捺不住,纪渻子说:"据我近日观察,不管其他的斗鸡如何鸣叫挑衅,它都神闲气定,望之俨然呆若木鸡,群鸡一见就溃败逃窜,天下无敌矣!"

庄子的寓言要我们涵养内敛的生命,太过锋芒毕露,不但不能全生,适足以害命。麝因有香身先死,橡因有胶遭砍伐,虎豹因有彩纹被猎杀,因此老子哲学主张:"大直若屈,大巧若拙,大辩若讷。"孔子说曾子:"参也鲁!"正是靠这位夫子心目中憨厚的弟子,儒家的仁恕学说才得以传扬。《列子·汤问》记载北山九旬愚公,因为太行、王屋两座大山挡住出入,决心率领子孙铲平青山,邻村智叟取笑他愚不可及,人力如何撼动峻岭?愚公说:"我死了有儿子,儿子死了有孙子,孙子死了又有他的儿子,代代相续,而山的高度又不会增加,何愁不会夷平呢?"世上多的是急功近利的智叟,愚公耐烦耐久的愚笨处正是我们所不及的地方。

人生在世不必太聪明,更不可逞聪明,不仅要藏拙,更要养拙。朝云为苏轼生下第四子,做满月时,东坡曾做《洗儿戏作》诗:"人皆养子望聪明,我被聪明误一生。唯愿孩儿愚且鲁,无灾无难到公卿。"东坡说自己"平生文字为吾累",他因为诗文而名满天下,也因为诗文而无端惹出"乌台诗案",身陷囹圄,几至殒命,因此诗人才会发出儿子不必有世智辩聪的喟叹。古人对于守拙的人生观多有阐发,谦称自己的作品为拙著、拙作、拙笔,称谓自己见解为拙见、拙讷,戏称自己妻子为拙荆。白居易《养拙》诗:"铁柔不为剑,木曲不为辕。今我亦如此,愚蒙不及门。甘心谢名利,灭迹归丘园。坐卧茅茨中,但对琴与尊。身去缰锁累,耳辞朝市喧。逍遥无所为,时窥五千言。"脱去名缰利锁,归居田园茅茨,看似愚拙无成,但却享受到人生的逍遥。

布袋和尚面对人生的难堪、羞辱时,总以随缘豁达的态度来化解:"老拙穿衲袄,淡饭腹中饱;补破好遮寒,万事随缘了。有人骂老拙,老拙自说好;有人打老拙,老拙自睡倒。涕唾吐脸上,随他自干了;你也省力气,他亦无烦恼。"郑板桥主张为人处世要"难得糊涂",这不正是老拙超然荣辱、淡泊物欲的守真朴拙之道吗?

黄庭坚《牧童》诗:"多少长安名利客,机关用尽不如君。"多少人恓恓遑遑奔走仕途,熙熙攘攘竞逐名利,尔虞我诈,机关用尽,迷失本真,倒不如牧童安于拙愚。当今浮夸的社会实在需要一些拙守分际、朴质踏实的智者。

隐逸

中国士人为何如此向往隐逸？隐逸的思想基础又是什么？

　　中国传统知识分子的出路有二：或出仕或隐逸。《论语·卫灵公》："邦有道则仕，邦无道则可卷而怀之。"隐逸文化在中国由来已久，而以先秦和魏晋为中国隐士最为活跃的时期。自春秋、战国始便出现不少高人逸士，例如帝尧时的许由、巢父，孔子时代的长沮、桀溺、楚狂接舆，秦汉时期的仲长统、王符，魏晋六朝的嵇康、陶渊明，唐宋的孟浩然、皮日休等人，都是史上赫赫有名的处士，而阮籍、李白、白居易、苏轼等，则是求隐不得的羡隐者。

　　中国士人为何如此向往隐逸？隐逸的思想基础又是什么？历代正史除了《三国志》《陈书》等少数史书之外，几乎均有隐逸传。《周易》则说："肥遁，无不利。"肥遁，就是隐逸,可以脱离忧患,免除罗网之害。隐逸者是有能力出仕,但是对于现实状况不满,却又无力矫正弊端,陷于出仕、隐逸的矛盾煎熬,乃怀着幽愤苦闷,隐居遁逸。"身在江湖之上,心居魏阙之下。"身虽隐居,寄情于田园山水之间,但是心系时局世态,因此隐士并不是完全遗世。

《晋书·郗超传》:"性好闻人栖遁,有能辞荣拂衣者,超为之起屋宇,作器服,畜仆竖,费百金而不吝。"桓温及其谋士郗超最好送反对派去充当隐士,隐逸遂成了掌权者巩固权力,消融政敌,获取崇隐、尊隐美名的一种手段。史称谢安有东山之志,严陵则愈隐遁声誉愈隆,隐逸——变成了沽名钓誉的终南捷径。

企慕隐逸和真正肥遁林皋,尚有相当大的差距,隐逸的现实生活既有经济来源的匮乏之虞,更有精神层面的寂寞难遣,非富贵豪侈的门阀子弟所能忍受。为了调和仕隐的矛盾,朝隐于是产生。标举隐逸不一定在深山幽谷,居宫庙朝堂,以宦为隐,以仕代耕,也是一种隐逸。王康琚《反招隐》诗:"小隐隐陵薮,大隐隐朝市。"认为隐逸只要心神超然无累,不以俗务撄心,虽身居庙堂之上,也无异于栖迹山林。王维晚年"退朝之后,焚香独坐,以禅诵为事。"实际过着半隐半仕的生活。相对于六朝士人对朝隐的热切希企,钟嵘《诗品》称陶潜:"古今隐逸诗人之宗也。"真隐者、全隐者,唯陶一人。

陶渊明自称"性本爱丘山",心惮远役,虽然为饥所驱,数度出仕,但是为了不愿违己,宁可"息驾归闲居""逃禄而归耕"。选择耕隐的陶潜,虽然"晨兴理荒秽,带月荷锄归",仍然濒临"夏日长抱饥,寒夜无被眠;造夕思鸡鸣,及晨愿乌迁。"几至饿死边缘的清贫境况。他所坚持的信念是"先师有明训,忧道不忧贫"的固穷之节。陶渊明是真正走出书斋,躬耕田薮,把隐逸思想的意义发挥到极致的大诗人。

蜘蛸

蜘蛸小虫，不知审势戒贪，终至坠地，自取灭亡。

寓言一词首见于《庄子·寓言篇》："寓言十九，藉外论之。亲父不为其子媒。亲父誉之，不若非其父者也。"父亲赞叹自己的亲生子女，人或妄起嫌疑，如果假托外人论说，则十言九见信。因此，所谓寓言，就是借助臆造的简短故事来讽喻人生的深奥道理。

寓言作品早在春秋战国时代便已出现，《列子》中的《杞人忧天》、《孟子》中的《揠苗助长》、《庄子》中的《庖丁解牛》、《韩非子》中的《守株待兔》、《吕氏春秋》中的《刻舟求剑》、《战国策》中的《狐假虎威》，都是脍炙人口的千古名篇。但是寓言成为独立的文体，则完成于唐代大文学家柳宗元的开创。

唐代自安史乱后,藩镇割据日益严重,加以宦官掌握军政大权,德宗贪婪好敛,刚愎猜忌,社会贿赂公行,民生凋敝困苦。面对如此板荡艰险的弊政,居太子储位二十年的顺宗一即位,亟思改革,遂委任王叔文,延揽天下才俊之士,如王伾、韦执谊、陆质、刘禹锡、柳宗元等,进行裁冗员、免苛税、救固疲的"永贞革新"。由于革新的一系列主张,直接触犯宦官和豪族官僚的既得利益,受到权阉的强烈反扑,即位半年便中风"暗不能言"的顺宗被迫禅位于太子李纯,是为宪宗。"永贞革新"如昙花一现,王叔文等人遭杀戮或贬黜各州为司马,史上称为"顺宗内禅"与"八司马"事件。三十三岁的柳宗元则被贬至永州,不得量移,开始"待罪南荒"的十年幽囚生活。永州秀丽的丘壑山水都成了拘禁诗人的樊笼,柳宗元有《囚山赋》传世。母亲卢太夫人至永州半年则因为水土不服而病逝,他自责是"非天降之酷,将不幸而有恶子以及是也"的大罚。诗人心灵的悔恨悲怆,于焉可知。

　　柳宗元谪居贬地,体会到"今身虽败弃,庶几其文犹或传于世"。祖述诗骚隐喻精神,效太史公之笔法,写下不少传诵千古的寓言作品,反讽元和朝政的暴虐无道。其中,《蝜蝂传》一文短小精悍,故事情节丰富,以幽默口吻讽刺时政,寄寓人生机微:"蝜蝂者,善负小虫也。行遇物,辄持取,昂其首负之。背愈重,虽困剧不止也。其背

47

甚涩,物积因不散,卒踬仆不能起。人或怜之,为去其负。苟能行,又持取如故。又好上高,极其力不已,至坠地死。"描写蝜蝂小虫,善于负载重物,又喜爬高,人悯其负重不堪,去其重担,蝜蝂却不知审势戒贪,终至坠地,自取灭亡。柳子厚此文嘲讽上自宪宗、下至四方藩镇,天下滔滔横征暴敛,贪婪嗜取,竞效蝜蝂小虫之所为,不以生民为意,置国家于危坠之境,故柳子厚要作狮子吼:"虽其形魁然大者也,其名人也,而智则小虫也。"佛经云:"防心离过,贪等为宗。"蝜蝂小虫用事滋贪令人可厌,其愚昧受祸则令人可悲!白居易有感事诗云:"祸福茫茫不可期,大都早退似先知。"以古鉴今,多藏必厚亡,财多必害己,在其位者,能不戒慎恐惧!

十牛图

心如同尚未驯顺的野牛，四处奔窜，践踏水草良苗。

中国古典文学作品中，诗人善取柳、竹、鸟、马、月、石、山水，乃至黄昏、梦境为意象，将之拟人化、象征化，对应自己的人格情趣。譬如李白笔下的月，陆游诗中的梅，仿佛诗人自己的化身；提起菊花，便联想起陶渊明"繁华落尽见真淳"的身影。

佛教喜以莲花为象喻，譬如眼睛清净无染如莲眼，辩才无碍为舌灿莲花，涅槃境界无漏无住如莲花"出污泥而不染，濯清涟而不妖"，甚至取莲花"因果同时"的妙意为经典名称《妙法莲华经》。

相对于植物的莲花，禅宗则假借牛为心性的意象，牧牛如牧心，以找回久已迷失的自我本性。南岳怀让曾以磨砖做镜来点拨他的弟子马祖道一,成佛不止于形体打坐。譬如牛拖车,车不行,打心之牛,而非身之车。《坛经》:"外于一切境界上,念不起为坐,见本性不乱为禅。"又说:"行住坐卧,常行直心。"便是一行三昧(禅定)。身为车,为客体;心为牛,为主体。禅定要在心地上用功夫,而不仅仅是身体形骸的枯坐,所谓"坐破蒲团不用功,何时及第悟心空"。

《遗教经》云:"譬如牧牛,执杖视之,不令纵逸,犯人苗稼。"心如同尚未驯顺的野牛,四处奔窜,践踏水草良苗。如何调伏这头水牯牛? 宋代廓庵禅师以《十牛图颂》将心性修成分为十个历程:

1. 寻牛:"茫茫拨草去追寻,水阔山遥路更深。力尽神疲无觅处,但闻枫树晚蝉吟。"惊觉牛只走失,拨草寻牛。

2. 见迹:"水边林下迹偏多,芳草离披见也么? 纵是深山更深处,辽天鼻孔怎藏他?"自性之牛遍于水边林下,无所不在,如巨牛之辽天鼻孔,无法隐藏。

3. 见牛:"黄莺枝上一声声,日暖风和岸柳青。只此更无回避处,森森头角画难成。"道只可自悟自证,不能以情识意想分别,如牛体非白非青不能描绘。一旦体道,无处不与道偕,更无回避之地。

4. 得牛:"竭尽神通获得渠,心强力壮卒难除。有时才到高原上,又入烟云深处居。"虽然暂得调伏,但是牛性顽冥,又落红尘之中。

5. 牧牛:"鞭索时时不离身,恐伊纵步入埃尘。相将牧得纯和也,羁锁无抑自逐人。"牛已不食苗稼,心已不放纵逾矩,收放自如。

6. 骑牛归家:"骑牛迤逦欲还家,羌笛声声送晚霞。一拍一歌无限意,知音何必鼓唇牙。"

7. 忘牛存人:"骑牛已得到家山,牛也空兮人也闲。红日三竿犹作梦,鞭绳空顿草堂间。"

8. 人牛俱忘:"鞭索人牛尽属空,碧天寥廓信难通。红炉焰上争容雪,到此方能合祖宗。"

以上三首阐明绝对的圣位境界是言语道断,超越言诠。得鱼要忘筌,上岸要舍筏,进而凡情脱落,圣意皆空,人牛两忘,泯除一切心境对待。

9. 返本还源:"返本还源已费功,争如直下若盲聋。庵中不见庵前物,水自茫茫花自红。"调收功成,一派天然,叶落花开自有其时,如同王维《辛夷坞》诗:"木末芙蓉花,山中发红萼。涧户寂无人,纷纷开且落。"一切不假修持,自然天成。

10. 入廛垂手:"露胸跣足入廛来,抹土涂灰笑满腮。不用神仙真秘诀,直教枯木放花开。"

前九首为自利自度,第十首为利他度他。自我生命成就圆满之后，要走入市廛人间，"愿将双手常垂下，摸得人心一样平"，实践既出世又入世济众的菩萨道。

元好问说："诗为禅客添花锦，禅是诗家切玉刀。"《十牛图颂》最能显现这种以禅入诗、以诗寓禅，诗禅双向参透的理趣。

固穷

物质的匮乏不足为惧，生逢穷途末世，
违背自己的理念而汲汲求田问舍，才是人生大患。

《尚书·洪范篇》说人生有五福：寿、富、康宁、攸好德、考终命；六极：凶短折、疾、忧、贫、恶、弱。其中，所谓的"贫"，孔颖达解释为"困之于财"。《论语·卫灵公》说孔子周游列国，绝粮于陈国，随行的弟子沮丧不已，子路愤而问道："君子亦有穷乎？"孔子回答说："君子固穷，小人穷斯滥矣。"意思是说君子固然也会遭逢困厄的时运，但是能"固守其穷"，当行而行，无所顾虑，甚至处困而亨，无所怨悔，不若小人"穷则放溢为非"，穷到难忍，平生操履不觉渐渐松动，至于沦落。

贫与穷有何差别？颜回以"一箪食，一瓢饮，在陋巷。人不堪其忧，回也不改其乐"的风范，树立了千古"忧道不忧贫"的君子形象;阮籍身处魏晋乱世,诸多名士遭罹杀戮之祸,《晋书·阮籍传》说他:"时率意独驾,不由径路,车迹所穷,辄恸哭而返。"他在《咏怀诗》中抒发郁闷说:"杨朱泣歧路,墨子悲染丝。"阮嗣宗的悲恸,是一种进退失据、刺时忧生的穷途之哭。

宋末名将文天祥,"性豪华,平生自奉甚厚",蓄养众多声伎,笙歌不断。等到国事蜩螗,一改奢靡习性,尽献家资为军费。抗元兵败被俘,元世祖欲招降重用,作《过零丁洋》诗"人生自古谁无死,留取丹心照汗青"表志,从容临刑,衣带留字:"孔曰成仁,孟曰取义,唯其义尽,所以仁至。读圣贤书,所学何事?而今而后,庶几无愧。"(《宋史·本传》)文天祥所展现的是"时穷节乃见"的强韧生命。

陶渊明诗文中多次提到贫困,并且有七首专咏贫士的诗篇,这些贫士虽然困于财,但是志不挠,气不屈,甚而安于贫,乐于道,陶渊明引以为知己。例如《韩诗外传》里的原宪"振襟则肘见,纳履则踵决",子贡笑他:"先生何病也!"原宪洒然笑说:"宪贫也,非病也。"《列女传》的黔娄贤妻,描绘自己的丈夫说:"甘天下之淡味,安天下之卑位,不戚戚于贫贱,不忻忻于富贵。"陶渊明赞叹这些高士说:"岂不实辛苦?所惧非饥寒。贫富常交战,道胜无戚颜。"对君子来说,物质的匮乏不足为惧,生逢穷途末世,违背自己的理念而汲汲求田问舍,才是人生大患。《归去来辞》:"饥冻虽切,违己交病。"饥馁冻寒虽然是攸关生死存亡的痛苦,但是扭曲自己的心灵而苟活于世,则更为不堪。"宁固穷以济意,不委曲而累己。"(《感士不遇赋》)纵然饱经饥寒,也要"竟抱固穷节"。《庄子·让王篇》:"古之得道者,穷亦乐,通亦乐,所乐非穷通也。"君子只是固守本业,不以穷厄、亨通为意,可以安于贫,不能失之穷。

僧情不比俗情浓

莫嫌佛门茶饭淡,僧情不比俗情浓。

情真转无,至情至性,淡而隽永。

　　苏轼一生和佛教的渊源深厚,母亲程氏为虔诚佛弟子,妻子朝云临终时,诵《金刚经》六如偈溘然而逝。东坡和僧侣往来密切,除了众所皆知的佛印了元之外,他如惠勤、清顺、可久、宗本、海月、辩才、文及、常总、参寥等出家人。尤其是参寥,苏轼贬谪黄州时,参寥不远数千里去探望他,甚至居东坡处达一年之久。苏轼有尺牍记载二人的方外情谊:"仆罪大责轻,谪居以来,杜门念咎而已。平生亲识,亦断往还,理故宜尔。而释老诸公,乃复千里致问,情义之厚,有加于平日,以此知道德高风,果在世外也。"(《答参寥书》)子瞻后来再贬海南儋耳,参寥不畏风涛,欲跨海访视,诗人力劝勿萌此意,互相盟约"余生必须相见"。佛门诗偈:"莫嫌佛门茶饭淡,僧情不比俗情浓。"僧人"太上忘情",虽无浓烈的俗情,但是情真转无,至情至性,淡而隽永。

熙宁五年,苏轼任杭州通判时,至秀州本觉寺,巧逢乡僧文及长老,他乡遇故知,喜出望外,有诗《秀州报本禅院乡僧文长老方丈》:"万里家山一梦中,吴音渐已变儿童。每逢蜀叟谈终日,便觉峨眉翠扫空。师已忘言真有道,我除搜句百无功。明年采药天台去,更欲题诗满浙东。"经年游宦在外,"岷峨家万里",突然听到熟稔的乡音,诗人的喜悦是可想而知的,何况谈心的对象是深谙禅理的禅师,禅趣盎然,畅言终日,也不知疲累。

熙宁六年,苏轼再过本觉寺,文长老因病退居,诗人连夜赶往探望:"夜闻巴叟卧荒村,来打三更月下门。往事过年如昨日,此身未死得重论。老非怀土情相得,病不开堂道益尊。唯有孤栖旧时鹤,举头见客似长言。"(《夜至永乐文长老院,文时卧病退院》)熙宁七年,文长老坐化,《过永乐,文长老已卒》诗云:"初惊鹤瘦不可识,旋觉云归无处寻。三过门间老病死,一弹指顷去来今。存亡惯见浑无泪,乡井难忘尚有心。欲向钱塘访圆泽,葛洪川畔待秋深。"苏轼三过永乐报本禅院,初过时文及禅师老迈,再过染病,三过其门已亡,一弹指的刹那之间,诸行无常,文长老已经解脱生老病死四苦,色身虽灭,"云无心以

57

出岫"，去来自如。《僧圆泽传》说：唐大历僧圆泽与李源交游，入灭时嘱李源 12 年后的中秋夜，至杭州天竺寺外相见。李源如期赴约，忽闻葛洪川畔，传来牧童悠扬的《竹枝词》歌："三生石上旧精魂，赏月吟风不要论，惭愧情人远相访，此身虽异性长存。"东坡借此典故，表明自己和文长老实已超越时空，泯除形相，缔结了过去、现在、未来的三世因缘，用典贴切，用情更真淳。

灯火阑珊

众里寻他千百度。蓦然回首,那人却在灯火阑珊处。

中国民俗称农历正月十五为上元节,又称元宵节,七月十五日为中元节,十月十五日为下元节,合称三元节。

元宵赏灯是流传民间的赏心乐事,古典诗词中不乏描写元夕喧闹景象的佳作。唐代苏味道《正月十五夜》诗:"火树银花合,星桥铁锁开。暗尘随马去,明月逐人来。游伎皆秾李,行歌尽落梅。金吾不禁夜,玉漏莫相催。"《大唐新语》载:唐朝重视上元节庆,长安城内严饰灯花,护城河桥灯月交辉,仿佛银河鹊桥。艳若桃李的歌伎,边赏灯边吟唱《梅花落》,连平日捍卫京师的金吾军也解弛禁卫,特许夜行观灯。降至晚唐,国势日颓,但是元夕赏灯的民风依然繁盛。李商隐《正月十五夜闻京有灯恨不得观》诗:"月色灯光满帝都,香车宝辇隘通衢。身闲不睹中兴盛,羞逐乡人赛紫姑。"四通八达的街道因为赏灯的人群,挤满了各种华丽车辆,车辇过处,扬起阵阵浓郁的香尘,弥漫欢乐气氛,而诗人却因为丁母忧,无法观灯,徒增惆怅愁绪。

相对于世俗的斗闹取乐,僧人的元宵就显得萧然冷清。苏轼曾至西湖祥符寺九曲观灯,拜访僧可久,只见禅室了无灯火,但闻蔷卜余香,诗人留诗叹仰:"门前歌舞斗分明,一室清风冷欲冰。不把琉璃闲照佛,始知无尽本无灯。"《维摩经》云:有一法门为无尽灯,譬如一灯燃百千灯,照破千年暗室,胜彼世间灯火,虽然灿如春花,刹那生灭。

宋代旧俗元月十四日夜试灯,十五日正灯,十六日罢灯。南宋高宗建炎三年,宋室南渡偏安已三年,眼看恢复中原无望,多少有志之士恐将老死南陲。李清照作《临江仙》,抒发流离迁徙、岁月蹉跎的悲叹:"庭院深深深几许,云窗雾阁常扃。柳梢梅萼渐分明。春归秣陵树,人老建康城。感月吟风多少事,如今老去无成。谁怜憔悴更凋零。试灯无意思,踏雪没心情。"昔日易安和丈夫赵明诚在建康时,每值天大雪,便顶笠披蓑,循城远览,互相赓和诗句。如今虽逢万民同乐的灯节,国事蜩螗,胡骑炽焰,聊无心绪试灯踏雪。

晚年的李清照流寓南宋都城临安,虽然欣逢融和天气的元宵佳节,今日"落日镕金,暮云合璧"的元夕美景,仿佛汴京当时,青春少女的诗人则"铺翠冠儿,捻金雪柳,簇带争济楚"。打扮入时,无忧无虑游赏灯景。如今虽然也有酒朋诗侣,香车宝马来相召,但是国难家愁,自己已是容颜憔悴的暮年嫠妇。"不如向,帘儿底下,听人笑语。"(《永遇乐》)只能隐身在隔帘笑语声中,暗自感伤。易安这首词以乐景写悲情,以今昔对比,写盛衰之感及身世之恸。刘辰翁说:"余自乙亥上元诵李易安《永遇乐》,为之涕下。今三年矣,每闻此词,辄不自堪。"道出风雨飘摇的南宋哀音。

辛弃疾的《青玉案》是元夕词的名篇:"东风夜放花千树。更吹落,星如雨。宝马雕车香满路。凤箫声动,玉壶光转,一夜鱼龙舞。蛾儿雪柳黄金缕,笑语盈盈暗香去。众里寻他千百度。蓦然回首,那人却在,灯火阑珊处。"描绘璀璨瑰奇的灯火、载歌载舞的百戏,以及云鬟盛妆的游女,尤其"灯火阑珊"句,王国维《人间词话》引为人生成就大事业之最终境界。陈亦峰评他"措词工绝",气势"雄劲飞舞,绝大手段"。作为南宋词人之雄,稼轩出入婉约、豪放之间,自是有大本领。

狗窦从君过

张吴兴年仅8岁,牙尽亏落,有先达戏笑他口中为何开个狗窦(狗洞)?

张吴兴机灵应答:"正使君辈从此中自由出入!"

辛稼轩作为南宋词学的大家,堂庑宏大,无体不工,各种题材皆可入词,雅正、通俗词风兼具,庄穆而不板滞,诙谐而不轻浮。

辛稼轩有一首《卜算子》,描写牙齿脱落的老态:"刚者不坚劳,柔底难摧挫。不信张开口角看,舌在牙先堕。已阙两边厢,又豁中间个。说与儿曹莫笑翁,狗窦从君过。"《说苑·敬慎篇》记载:常枞有疾,老子前往慰问。常枞张开口问道:"我的舌头还在吗?""舌头安然无恙。""牙齿呢?""齿牙荡然无存。""你了解其中深意吗?"老子正容说:"夫舌之存世也,岂非以其柔耶? 齿之亡也,岂非以其刚耶?"宝剑虽钢锐,却容易断裂;藤蔓柔韧,不易摧折,因此道家主张以柔克刚，不争而天下莫能与之争。《世说新语·排调篇》：张吴兴年仅八岁，牙尽亏落，有先达戏笑他："你口中为何开个狗窦（狗洞）？"张吴兴机灵应答："正使君辈从此中自由出入！"韩愈自况："吾年未四十，而视茫茫，而发苍苍，而齿牙动摇。"充满忧衰伤老的悲叹，而稼轩面对岁月的流逝，却以谑语出之，显现其胸怀之通脱、旷达。

稼轩另有一阕戒酒的《沁园春》："杯汝来前，老子今朝，点检形骸。甚长年抱渴，咽如焦釜；于今喜睡，气似奔雷。汝说'刘伶，古今达者，醉后何妨死便埋'。浑如此，叹汝于知己，真少恩哉！更凭歌舞为媒。算合作，人间鸩毒猜。况怨无小大，生于所爱；物无美恶，过则为灾。与汝成言'勿留亟退，吾力犹能肆汝杯'。杯再拜，道'麾之即去，招亦须来'。"稼轩这一首词写于铅山期思渡新居落成，即将迁入之时，因为病疾，正须点检，戒掉昔日的狂饮。《晋书·刘伶传》：刘伶好酒，肆意放荡，以宇宙为狭。常乘鹿车，携一壶酒，行走十方，命仆童荷锸追随于后，交代说："若我醉死，便掘地以埋。"曹操《短歌行》："何以解忧，唯有杜康。"借酒本欲消愁，名士刘伶却因嗜酒而丧命，稼轩借此典故，责怪醇酒的苦苦相诱，对待嗜酒如命的知己，"真少恩哉"！人酒对话，词语诙嘲，实开元曲空灵融活之滥觞。尤其"怨无小大，生于所爱；物无美恶，过则为灾"四句,更见警惕。酒不醉人人自醉,譬如刀刃本无善恶,持之伐木则为利器,使之杀戮反成凶器,过犹不及,中道智慧之可贵,于焉可知！至于诗人为何"长年抱渴,咽如焦釜",借酒以浇胸中块垒？又如杯语"麾之即去,招亦须来",弦外之音,语有所指,实是等待朝廷重新启用自己。句句抒发身世家国之叹,孤臣孽子之悲！

送穷

五种穷鬼其实是难能可贵的生命品质，
不该送遣，也无法驱离。

唐宋古文八大家之一的韩愈，有一篇诡奇的文章《送穷文》，列举人间有五种穷鬼：智穷、学穷、文穷、命穷、交穷，四十余年如一日，如影随形，常相左右。韩愈决定遣退五个穷鬼，于是结柳做车，缚草为船，载备糗粮，三揖穷鬼而告之，展开了一场饶富趣味的诙谐对答。

韩愈此文作于号称"中兴英主"的宪宗元和六年，唐朝经过安史之乱后，人心亟思安定，社会期望否极泰来，韩退之自以才高，不随流俗，始终无法摆脱政治仕宦、经济生活的穷困，因此撰著《送穷文》，以抒发胸中郁勃。中国传统士人有"君子固穷"的观念，"穷"指时运不济，怀才不遇，英雄失路，空有"致君尧舜"的雄才大略，但是秋扇

65

弃置于木匣,不为世用。虽然如此,仍应固守风骨,不可随波逐流,韩愈的"送穷"寓讽喻于戏谑之中,发挥的正是士君子"固穷"的精神。

何谓五穷?"矫矫亢亢,恶圆喜方,羞为奸欺,不忍害伤。"操守端正,不行奸诈巧佞,不伤害别人,是名智穷。"傲数与名,摘抉杳微,高挹群言,执神之机。"发掘深幽的道理,综合百家之言,不偏执一方,是名学穷。"不专一能,怪怪奇奇,不可时施,祗以自嬉。"精通各种文学,文章富于创造,善作破格奇文,是名文穷。"影与形殊,面丑心妍,利居众后,责在人先。"面貌丑陋,内心善美,耻于争利,勇于负责,是名命穷。"磨肌戛骨,吐出心肝,企足以待,置我仇冤。"待人真诚,肝胆相照,对方却视我如寇仇,是为交穷。正人君子往往因为耿介不屈而招怨,不容于世俗而穷困潦倒,"众人皆醉我独醒",必须忍受既遗世、也为世所遗的"高处不胜寒"的孤独。五种穷鬼其实是难能可贵的生命质量,不该送遣,也无法驱离。因此,"送穷"最终却以"留穷"作结,一生甘与穷厄为伍,命虽蹇而具风骨。

韩愈《送穷文》实出于西汉扬雄《逐贫赋》,《山谷题跋》指出二者"制度始终极相似"。扬雄责问"贫"说:"人皆文绣,余褐不完;人皆稻粱,我独藜餐。""身服百役,手足胼胝;或耘或耔,露体沾肌。""朋友道绝,进官凌迟。"不

66

仅生活清贫,终年劳累不得温饱,仕途也极不得意,因此对贫困下了逐客令:"今汝去矣,勿复久留!"贫却振振有词反驳道:安贫"堪寒能暑""桀跖不顾,贪类不干",不必担忧宵小窃取财富,得到磨炼,成就事业。"逐贫""送穷"语言生动有趣,寓庄于谐,正语反说,采用近似寓言形式的幽默笔调,来反讽社会的腐败现象。同调的作品尚有柳宗元的《乞巧文》,都是饶富思想性的讽刺文学。

英雄失路

江头上的汹涌波涛不算险恶,世事难料,"人海阔,无日不风波",
人世间更是处处陷阱,举步维艰。

　　辛弃疾有一首送别门人范开的词《鹧鸪天》:"今古
恨,几千般。只应离合是悲欢!江头未是风波恶,别有人
间行路难。"人生有千种悲伤事,亲友生离死别只是其一。
有志难伸,奸佞当道,国势颓亡,林林总总的憾恨,仿佛陶
渊明《停云》诗:"霭霭停云,蒙蒙时雨,八表同昏,平路伊
阻。"停滞在空中的那块乌云,郁结在心底,令人窒息。江
头上的汹涌波涛不算险恶,世事难料,"人海阔,无日不风
波"(姚燧《喜春来》),人世间更是处处陷阱,举步维艰。
　　艺术家本应在舞台上挥洒才气,英雄则应横槊马上,
驰骋疆场。扬雄《解嘲》:"当涂者升青云,失路者委沟
渠。"历史上有多少的失路英雄,怀抱理想,不为世用,只

能"醉里挑灯看剑",抑郁以终。孔子周游列国,无法施展抱负,只能将美玉蕴藏于木椟,待价而沽。屈原"信而见疑,忠而被谤",为上官大夫所谗,楚怀王疏离他,顷襄王把他放逐到湖南,徘徊于沅湘之间,作《九歌》《九章》诸篇以明志:"欲横奔而失路兮,坚志而不忍。"(《九章·惜诵》)"世溷浊而不清,蝉翼为重,千钧为轻;黄钟毁弃,瓦釜雷鸣;谗人高张,贤士无名。吁嗟默默兮,谁知吾之廉贞。"(《楚辞·卜居》)世俗价值错乱,把珍贵的黄钟视如敝帚,毁弃不用,却将粗劣的瓦罐当作圭璧,敲打如雷响;小人得势,而贤士却失路见逐。司马迁为了替李陵辩白,认为李陵的才干,"虽古之名将不能过也",投降匈奴,实是"身虽陷败,彼观其意,且欲得其当以报汉",暂时诈降,思图后效。太史公的直言触怒了汉武帝,受到宫刑的摧残,为了达到"究天人之际,通古今之变,成一家之言"的理念,虽然当时"交游莫救,左右亲近,不为一言",茫茫天地间,失路谁知己!他隐忍苟活,以惊人的毅力勇气,撰写了《史记》一书,开中国正史、百代文章之典范。

唐肃宗废黜宰相房管,杜甫"见时危急",国家正需要用才,以谏官身份上疏营救房管,措辞激烈,肃宗震怒,被送至御史台推问,幸宰相张镐等人力保,才免戮刑。但是肃宗从此便疏远了杜甫,不甚录用。诗人不禁唱叹:"名岂文章著,官应老病休。"老病方应休官归隐,而自己正值壮年,空有"致君尧舜上,再使风俗淳"的大志,却因直言谏诤被迫落职。一代大诗人一生贫病漂泊,竟至卖草药为生,最后逝于舟中。"飘飘何所似,天地一沙鸥"是杜甫对自己身影的最贴切描绘。

柳宗元因参与"永贞革新",被贬至永州十年,"与囚徒为朋,行则若带缧索,处则若关桎梏",再贬荒疠的柳州四年,他与刘禹锡分路赠别诗说:"十年憔悴到秦京,谁料翻为岭外行。"《别舍弟宗一》诗:"一身去国六千里,万死投荒十二年。"诗人一生未曾北归,以四十七岁英年死于岭南。柳宗元不仅失路,柳州更成了他的生死绝路。

古时的英雄为何失路?大多是因为生逢乱世不得展其才,遭遇昏君不能伸其志;而现代的英雄也难免怀才不遇,只能"却将万字平戎策,换得东家种树书",徒唤奈何!

六相圆融

眼耳鼻舌等六根,虽然同为身体的器官之一,但是各有功能;
各个器官都很正常无恙,身体自然健康(成相)。

禅宗三祖僧璨《信心铭》开宗明义说:"至道无难,唯
嫌拣择;但莫憎爱,洞然明白。"幽微精深的真理其实不难
理解,最忌讳我们妄加分别好坏,产生拣汰择取的行为。
如果能够泯除强烈的爱憎心理,平等对待一切,无私容纳
一切,便能清明地享受生命。

开创云门宗的云门文偃禅师,唐代嘉兴人,依空王寺
志澄禅师出家,后往谒睦州道踪禅师,连续三日,皆被睦
州严拒于门外。至第三日晨,文偃一俟睦州启开寺门,便
一脚踏入,睦州急掩门,咄咄问道:"何人? 做什么?""云
门! 大事未明,乞师指示。""为何如此喧哗?""脚被夹在
门内。""人在何处?""门外。""好端端一个人为什么径自

71

分成内外?"文偃言下大悟,禅宗史上称为"云门断腿"。

处于第十层楼的人,十一层为上,九层为下。就第九层而言,十层又为上。世间的内外、高下、美丑、贫富、贵贱、黑白,都是相对性地存在,如果加上主观的好恶选择,容易产生党同伐异的弊端。东汉末年的党锢之祸、唐代的牛李党争、北宋新旧党争、明末东林党争等,历代朋党之争的层次与内涵虽然各有不同,但是随着政争的激化相左,彼此缺乏包容,更加深喜同恶异的排他性格,甚至把国家推向衰亡的渊薮。

华严宗的集大成者三祖法藏大师,著作《华严五教章》,揭橥六相圆融的思想:"总相者,一含多德故。别相者,多德非一故。别依止总,满彼总故。同相者,多义不相违,同成一总故。异相者,多义相望,各个异故。成相者,由此诸缘起成故。坏相者,诸义各住自法,不移动故。"譬如人的身体是总相(整体的一切),眼耳鼻舌等器官为别相(差别的一切);眼耳鼻舌等六根,虽然同为身体的器官之一(同相),但是各有视觉、听觉、嗅觉、味觉等不同的功能(异相);各个器官都很正常无恙,身体自然健康,没有病痛(成相),反之,只要其中一个器官发生病变,便可能丧生失命(坏相)。因此,六相相辅相成,彼此圆融,成就对方。国家、社会,乃至整个世界,何尝不是如此。一个公司的研发、生产、营销等部门互为别相,国家的立法、行政，政府、人民，执政、在野也互为别相，每一个别相不仅自身要健全，更需容纳异己存在，圆融对方，而不是党同伐异，总相的国家才能欣荣发展。

禅门流行一则公案：有位师父两腿害风湿，叫大小两位徒弟分别按摩左右腿。师父竟日对着大小爱徒赞美对方，数落当事人的缺点。两位弟子各自怀疑对方进自己的谗言，挨师父的责备。一日，小师弟趁大师兄外出，折断了他按摩的腿，大师兄一怒之下，以牙还牙，也将小师弟负责的另一条腿打坏，损伤了师父的健康，寸步难行。家庭的每一位成员，国家的每一分子，不正是大小徒弟的身影？矛盾、对立、猜疑、撕裂，只有灭亡；宽恕、包容、诚信、融和，才能生存。

师友

生活中指正我们过失者，都是良师益友。

"三人行，必有我师焉"，实为千古明训。

儒家把师生关系定为五伦之一。《太平御览》卷六百五十九说："学之有师，亦如树之有根也。"树木植根坚实，才能茁壮翠拔；为学有良师启蒙，才能养深积厚，卓然有成。古云："十年树木，百年树人。"培育人才好比栽种树木，需要耐心照顾，也需要剪除杂柯。

唐古文大家韩愈《师说》曰："师者，所以传道、授业、解惑也。"消解学生治学、为人等方面的迷惑，是老师最基本的天职；如有上者，则能教导专业技能，使学生学有专精；传递文化、道统、精神，则是师者最重要的责任。因此，古今师者为了将"一家之言"的思想、理念，"传之其人"，往往传授弟子，而不教予自己的子女。例如孔子传

《孝经》于曾子,而不传儿子子思。父传子,是血脉相承;师传弟,则是文化传薪。

昔日孔子居洙泗之间,聚众讲学,门徒三千,有七十二位贤人,十位杰出弟子。夫子与门生相与应对,充满人生智慧光芒的语录——《论语》,成为千年来中国文化的主要纲目。释迦牟尼佛五十年行脚于恒河两岸,常随众一千二百人,更有十大第一弟子,三藏十二部数千卷经典端赖这些弟子结集流传。东西方圣人深知"人能弘道,非道弘人"之理,法轮必须依靠人才去推动,才能转动无碍。

荀子传韩非、李斯,法家由儒转出;曾巩、王安石、苏轼、苏辙等精英,都是欧阳修"付任斯文"的欧门翘楚,师生对于唐宋古文的继承与拓展,贡献卓越。东坡门下则有黄庭坚、秦观、晁补之、张耒等"苏门四学士";黄山谷的"黄门诸子"模仿禅宗,作《江西宗派图》,形成盛大的"江西诗派",开北宋学术史一代三传的佳话。

佛门的师生灯传也不让儒家。六朝时西域高僧佛图澄度化凶残的石勒、石虎,门下弟子道安,校订、译注佛典,立下"五失本、三不易"的原则,编纂《综理众经目录》,首开佛教目录学的著作,为佛教初传中国建立了伟大功绩。弟子慧远邀集东林十八贤僧及刘遗民、雷次宗、宗炳等名士,于庐山共结白莲社,为中国佛教净土宗的滥觞。翻译大家鸠摩罗什座下有四圣、八宿等高足,其中僧肇著有《肇论》，师徒二人把印度中观般若学真正传于中国；另一龙象竺道生，高唱"一阐提成佛说"，主张顿悟成佛，开日后禅宗谈心性主顿悟之风。他如玄奘大师座下有窥基，后建立法相唯识宗；智俨一门则培育二位开宗立派的祖师，法藏于中国、义湘于韩国，各开创华严宗，为史上所仅见。禅宗六祖惠能一花五叶，发展出沩仰、曹洞、临济、云门、法眼等五大门派，成为中国化佛教的主流。

《荀子·致士》举出师术有四："尊严而惮""耆艾而信""诵说而不陵不犯""知微而论"。师者必须具备尊严师道、年高信实、不违所学、知精微之理等四德。王阳明《教条示龙场诸生》："凡攻我之失者，皆我师也。"生活中指正我们过失者，都是良师益友。"三人行，必有我师焉"，实为千古明训。弟子固然应持守"一日为师，终身为父"（《姜太公家教》）之分际，为人师者则应有"三分师徒，七分道友"（星云大师语录）之襟怀，培育天下英才，为而不有，把弟子还诸天地，服务天下一切众生。

不垢不净

身垢容易洗涤，心垢难净化。垢净与否，实为主观价值判断，心垢若除，身垢自然蠲除。

宋神宗元丰二年七月，御史李定、舒亶断章摘取苏轼诗语，大兴文字狱，举发东坡四大罪状，抨击他讥切时政，"岂是闻韶解忘味，迩来三月食无盐"（《山村》），讽刺朝廷禁盐峻急，以致偏远地区人民无盐可食；"赢得儿童语音好，一年强半在城中"（《山村》），讥嘲新法青苗、助役的施行不当，贫民无法受到妥善赈济；"读书万卷不读律，致君尧舜终无术"，不能修明法制；"东海若知明主意，应教斥卤变桑田"（《看潮》），诋讪当朝不知兴办水利，体恤民瘼。苏轼因此被捕入狱百余日，史称"乌台诗案"。后贬为检校尚书水部员外郎黄州团练副使本州岛安置，是个定员以外不得签署公文的散官，并且不可擅离黄州，形同今日

77

的软禁。东坡有诗："平生文字为吾累，此去声名不厌低。"他因为诗文而名满天下，却也因为诗文而获罪招祸，虽然明知"人生识字忧患始"，但是谪居黄州时期的创作，诗风娴熟，渐入化境，《定风波》《念奴娇》《前赤壁赋》等名篇，都作于此时。苏辙《东坡先生墓志铭》："后读释氏书，深悟实相，参之孔老，博辩无碍，浩然不见其涯也。"从黄州直至后来岭海时期，随缘旷达的佛学思想，始终是苏轼摆脱苦难、安顿生命的良方。

元丰七年，东坡离黄州，到泗州，浴于雍熙塔下，作《如梦令》二首："水垢何曾相受，细看两俱无有。寄语揩背人，尽日劳君挥肘。轻手，轻手，居士本来无垢。""自净方能净彼，我自汗流呀气。寄语澡浴人，且共肉身游戏。但洗，但洗。俯为人间一切。"身垢容易洗涤，心垢难净化。其实垢净与否，实为主观价值判断，心垢若除，身垢自然蠲除，所谓"众生心垢净，菩提月现前"。譬如浮云蔽日、明镜蒙尘，未曾减损丝毫光芒；拨云日现、拂拭尘埃，也未曾增加任何澄澈，只不过显现原来自性清明。《心经》："不生不灭，不垢不净，不增不减。"把黄金丢到污泥中，不减它的澄黄本色，我们的本性也是如此。《六祖坛经》："生来坐不卧，死去卧不坐，一具臭骨头，何为立功课？"身如臭皮囊，是假借我们以呼吸活动，不必执着，不必刻意，不妨心怀喜悦，学习佛家游戏三昧态度，各尽本

78

分,揩背人轻手挥肘,澡浴人轻松但洗,相互享受,成就因缘,自度度人,相应平等。人间的一切荣辱,何尝不可作如是观? 不即不离,若即若离,既能入其中,又能出其外。东坡这二首词,诙谐中含意境,浅白中富深意,严肃中带关怀。后来从岭外北归时,作《次韵江晦叔》诗以自况:"浮云时事改,孤月此心明。"表明政治的构陷打击,无碍自己光风霁月般的生命,颇有寒山"吾心似秋月,碧潭清皎洁"的禅境。胡仔《苕溪渔隐丛话》说他:"有如参禅悟道之人,吐露胸襟,无一毫窒碍也。"实为中肯之言。

沉默的舆论

一个舆论关闭、噤声冷漠的社会，离开败坏不远矣。

中唐社会大诗人白居易有一首新乐府诗《秦吉了》："秦吉了，出南中，彩毛青黑花颈红；耳聪心慧舌端巧，鸟语人言无不通。昨日长爪鸢，今朝大嘴乌，鸢捎乳燕一窠覆，乌啄母鸡双眼枯。鸡号堕地燕惊去，然后拾卵撮其雏。岂无雕与鹗，嗉中肉饱不肯搏；亦有鸾鹤群，闲立扬高如不闻。秦吉了，人云尔是能言鸟，岂不见鸡燕之冤苦！吾闻凤凰百鸟主，尔竟不为凤凰之前致一言，安用噪噪闲言语。"唐代经过安史之乱后，国势如江河日下，经济制度遭严重破坏，民生凋敝，加以烽火频起，横征暴敛，老百姓为了逃避募兵，不惜自残，以保全性命："夜深不敢使人知，偷将大石捶折臂"，宁可折臂六十年，经常要忍受风

80

雨阴寒夜,直到天明仍不眠的切肤之痛,但是"一肢虽废一身全",不必成为泸水岸畔的孤魂(《新丰折臂翁》)。

上自皇帝、大宦官、宰相、节度使、州刺史,下至县令、乡吏、里胥,为了满足个人的奢靡欲望,巧立各种名目,对穷苦百姓进行敲骨吸髓的掠夺压榨,"夺我席上酒,掣我盘中飧"(《宿紫阁山北村》),民间遭逢旱灾,已至"衢州人食人"的惨烈境地,而骄蛮的官吏却极尽享受,"果擘洞庭橘,脍切天池鳞"(《轻肥》)。一批权贵近臣为了取悦朝廷,博得皇帝的宠信,甚至向老百姓征收苛税,"浚我以求宠,敛索无冬春""夺我身上暖,买尔眼前恩"(《重赋》)。根据史书记载,唐德宗在位二十余年间,大小官僚媚上凌下,营私舞弊,交相成风。诗人目睹朝廷的腐败、颠顷,怜悯百姓的悲苦、不幸,遂以飞腾的文笔,写下"救济人病,裨补时阙"的讽谕诗,揭露社会的深层矛盾现象。

秦吉了是出产于中国两广地区,能言人语甚于鹦鹉、八哥的鸟禽,象征铮铮风骨、刚正不阿的谏官;长爪鸢是鹞子,大嘴乌是乌鸦中最贪食的种类,以上两种鸟,比喻贪婪狠暴的文官武吏、豪族士绅,欺凌善良无告的鸡燕百姓。雕、鹗是两种体型比鹰隼猛壮的巨鸟,比喻为执行法令的官员,但是他们只求自安,罔顾民瘼疾苦,任凭正义公理遭受强权践踏。凤凰是对糊涂皇帝的佞称,而鸾鹤群则指凤凰近属、一群省阁翰苑近侍的大臣,失去就近指正君王过失的职责。面对如此恶劣的时代,诗人无奈声嘶力竭替黎民呐喊:"人云尔是能言鸟"的秦吉了,都噤若寒蝉,不敢为民喉舌,辜负天生禀赋,只是尽日噪噪学人言语,让百姓陷入投诉无门的绝境。一个舆论关闭、噤声冷漠的社会,离开败坏不远矣!以史为鉴,能不戒慎!

桃花·玄都观

桃花舞春风,虽然受宠幸于一时,但是倏然之间便凋谢。

中唐诗人刘禹锡,童年在嘉兴等地,跟随诗僧皎然、灵澈学诗。二十一岁登进士第,三十一岁为监察御史,与韩愈、柳宗元同在御史台。唐代自安史之乱后,由于藩镇割据,宦官擅权,盛唐气象不再,国势日颓。永贞元年,当了四十多年太子的顺宗即位,延用王叔文、王伾等大臣,进行如火如荼的政治改革,史称"永贞革新"。刘禹锡和柳宗元尤其是革新运动的两名大将,揭发时弊,不遗余力,深为宦官所忌。顺宗即位八个月,不幸中风,不得已禅位于年轻的太子宪宗,革新夭折失败。王叔文、王伾坐死,宰相韦执谊、柳宗元、刘禹锡、韩泰等八人,被贬至各州为司马,纵逢天下大赦,此八人也不在量移宽宥之限,史称为"二王八司马事件"。昏聩的皇帝对于他最精英的臣工,做出变态的、最严厉的处罚。

三十四岁,正值壮年的刘禹锡被贬谪为连州(今广东连州市)刺史,行至江陵(今湖北)时,再贬朗州(今湖南常德)司马。十年后返回长安,与柳宗元等同游玄都观,适值桃花盛开,作《戏赠看花诸君子》诗:"紫陌红尘拂面来,无人不道看花回。玄都观里桃千树,尽是刘郎去后栽。"《法苑珠林》卷四十一引《幽明录》:汉永平五年,剡县有刘晨、阮肇二人结伴入天台山,在山岚云霭中迷失了方向,十三日寸粒未进,饥馁欲死。忽然遥望山峰上有一棵桃树,果实累累。二人采啖几颗,顿觉力气充沛。下山饮水时,看到溪畔有两位妙龄少女,面如桃花般灿丽,相邀回家,同享桃夭之乐。半年后,刘阮二人下天台山,回到故乡,只见亲朋故旧零落,人间竟然已经过了七世,沧海桑田,恍如隔世。宋词依此典故,而有《阮郎归》的词牌。

刘禹锡借诗讽喻"黄钟毁弃,瓦釜雷鸣",玄都观的桃花栽植于自己被流放的岁月,因为耿介正直的刘郎不在朝中,嬖佞的小人才得以揽权得势,好似桃花舞春风一般,虽然受宠幸于一时,但是倏忽之间便凋谢。诗人犀利的笔锋,触痛了皇帝的神经,执政不悦,一怒把他又贬至更远的播州(今贵州)。柳宗元因为刘禹锡有八十余岁老母同行,自己虽然同受苦难,发挥高贵的情谊,自愿以柳州换播州,加以宰相裴度的力谏,最后改授连州刺史,一放逐又是十四年的华年流逝。返京后,诗人重游玄都观,只见当年娇艳的桃花荡然无存,只有兔葵燕麦在春风中摇曳。刘禹锡诗兴大发,又写了《再游玄都观绝句》:"百亩中庭半是苔,桃花净尽菜花开。种桃道士归何处?前度刘郎今又来。"昔日叱咤风云、不可一世的奸佞今日何在?恰似桃花逐流水,不如刘郎的傲骨铮铮,绝不妥协。千年后,诗人的倔强身影,依然充满撼动人心的魅力。

持节云中遣冯唐

惭愧的文帝,命令冯唐执持符节赦免魏尚,恢复他云中太守的爵位。

　　《史记·冯唐列传》记载:号称为西汉盛世的文景之治,匈奴兵骑仍然经常来犯边,掠夺财物,人民不胜其扰,文帝深引为患,慨叹道:"如果我朝能拥有先秦的廉颇、李牧等名将,以抵抗胡虏,黎民百姓便能安居乐业。"大臣冯唐却浇了皇帝一头冷水:"纵然廉颇、李牧等骁勇善战的将军在世,皇上你也不能知人用人。"皇帝听了,勃然大怒,愤而拂袖进入内宫,良久才平复情绪,召见冯唐问道:"你为何说我不能善用国家栋梁之材,好似昏昧的国君?"

　　冯唐正色禀告说:"臣听说山西云中郡太守魏尚大将军,和当年的李牧一样勤政爱民,经常拿出私人俸禄,五日杀一头牛犒赏军士。平时养兵于田亩之中,耕种生产;

国家一旦有兵事，士卒一心，奋勇杀敌，匈奴闻声远避，不敢来侵犯。有一次敌人来偷袭，魏尚率领兵士迎头痛击，终日力战，大获全胜，斩杀敌人首级向朝廷呈报功绩。因为这些士卒出身平常百姓人家，更多朴质的农村子弟，不熟悉官府文书兵籍的记录规则，报功时敌人头颅只差了区区六个数目，刀笔吏便认为他们谎夸虚报，将魏尚等人绳之以法，削去他的职位，判以重罪。臣以为陛下定法过于严明，臣民有功于国家奖赏太轻，稍有小过却惩罚太苛。长此以往，纵得廉、李股肱将相，也不知珍惜重用。"满脸惭愧的文帝，赶忙命令冯唐执持符节赦免魏尚的罪失，恢复他云中太守的爵位，并且拜冯唐为车骑都尉。

历代有不少的帝王，透过刀笔吏加诸他的功臣武将种种罪名，以便于统治管理。绛侯周勃是刘邦的开国大臣，曾平定外戚诸吕之乱，立太子为文帝，当过太尉、右丞相。如此功绩彪炳的佐国良相，被一个小小的河东尉告倒下狱，饱受狱吏凌辱，几乎丧命。儿子周亚夫平七国之乱，巩固景帝皇位，因为替自己购买"甲盾五百具"的陪葬物，刀笔吏诬以"欲反于地下"的荒谬罪行，被景帝打入牢狱，吐血而死。匈奴深深畏惧的"飞将军"李广，唐诗人卢纶描绘他："林暗草惊风，将军夜引弓；平明寻白羽，没入石棱中。"一度与卫青连手攻打匈奴单于，因为迷路，误了返营日期，《史记》说他："广年六十余矣，终不能复对刀笔之吏"的侮辱,愤而引刀自刎,留下英雄失路的形象,背后隐藏的是帝土对臣工猜忌、怀疑的不安心理。

苏轼有一首密州出猎的《江城子》词,描写聊发少年狂的老夫:"酒酣胸胆尚开张,鬓微霜,又何妨?持节云中,何日遣冯唐?会挽雕弓如满月,西北望,射天狼。"如果有犯颜敢谏、仗义执言,保护贤良的冯唐,诗人将奋不顾身,奔向战场扫荡贪残的豺狼。冯唐所言"法太明,赏太轻,罚太重",大功不赏,小过重罚,身为主管者,应该引以为鉴。

家有恶犬

韩非善用巧喻,讽喻国亦有狗,
慎防贴身的家犬狐假虎威,挡住贤人进路。

《韩非子·外储说右上》有一则发人深省的故事,应引以为戒。春秋战国时代,宋国有一户卖酒人家,酿出来的酒甘醇美味,主人待客亲切热情,价钱又低廉,升斗也公正,童叟无欺。酒店主人每天把酒旗高高悬挂,笑容可掬站在店门口吆喝宾客。说也奇怪,每个路人走到酒店前,总是仓皇地迅速离去,竟日里门可罗雀,没有人来买酒,好端端地一坛坛美酒因为卖不出去,日子久了,全变成了酸醋。

反观对街的同行,所酝酿的浊醪既辛辣难以入口,价钱也不便宜,尤其店主根本无暇招呼客人,因为每天来沽酒的人门庭若市,几乎踩平了门槛。宋人守着冷清的店,

89

望着对面进进出出的热络人潮，一肚子的纳闷，百思不得其解。

一天，好不容易上门了一位客人，那是城中最有智慧的长者杨倩。宋人赶忙请教杨倩："我家的酒味道如何？""香冽醇美极了！""酒价公道吗？""物美价廉。""本店待客态度如何？""和蔼可亲。""既然我的酒店样样条件都如此好，为什么没有客人来喝酒？""你想知道真相吗？那是因为你家门口蹲了一只獒犬，凶猛刚暴，一看到客人就龇牙咧嘴，把上门的顾客都吓跑了，你的酒再甘甜也乏人问津。"

韩非又举了一例：一日，齐桓公问管仲："治理国家最惧患什么？""最患人主左右有社鼠。""为什么患社鼠？""土地庙前树荫浓密如伞盖，人们围在大树下庆祝稻麦的丰收，而宵小鼠辈却进出社庙，钻入树根泥穴之中。老百姓想要用火焚烧它，恐怕熏伤了大树；村人转而想取水灌满洞穴逼出老鼠，又担心冲垮社庙的基墙，投鼠忌器，无法除去鼠患。"

韩非善用巧喻，讽喻"夫国亦有狗，有道之士怀其术而欲以明万乘之主，大臣为猛狗迎而龁之，此人主之所以蔽胁，而有道之士所以不用也。"良禽择木而栖，有才学的知识分子本来想贡献己能，为明主所用，奈何奸佞小人当权，如恶犬般守在人君身侧，蒙蔽了君上，噬伤了贤良，徒然让国家失去栋梁人才；更有甚者，社鼠围绕，"出则为势重而收利于民，入则比周而蔽恶于君。"瞒上欺下，营私结党，剥削民脂民膏，窃取国家财物。综观历史，历代君王身边总不乏阴狠的污点佞臣：赵高之于秦二世，李林甫之于唐玄宗，秦桧之于宋高宗，严嵩之于明世宗，和珅之于乾隆，构成了一张贤良日远、小人狎近的密实铁网，最后崩毁了社稷百年基石。

韩非的精彩寓言用于今日的领导学，仍然有深刻的启示。管理者除了本身具备优秀的种种条件之外，譬如宋人的醇酒美酿，更需广开视听，察纳雅言，慎防贴身的家犬狐假虎威，挡住贤人进路，如此则空浪费了自家的一坛好酒。

三生石上

苏轼三年之间三次拜访文长老，却经历了文长老生、老、病、死的一生。

北宋全才大文学家苏轼（字子瞻）和佛教的渊源深远，不仅父母、兄弟、妻妾都笃信佛教，东坡本人和寺院僧侣的方外之交，更是道情隆厚。苏轼往来的禅僧有惟度、惟简、辩才、慧辩、怀琏、契嵩、惠勤、道潜、佛印等人，另外和乡僧文长老曾有三度的造访，描绘了文长老历经生老病死的一生行状，也印证了佛门"僧情不比俗情浓"隽永且平淡的君子情谊。

熙宁五年，苏轼在杭州任通判，认识了秀州报本禅院的方丈文长老。秀州在今日的浙江嘉兴，佛教发展兴盛，大藏经有《嘉兴藏》版本，就发皇于此地。报本禅院兴建于唐代，至宋代改称为本觉寺，文长老和诗人同乡，同为

"我家江水初发源"的蜀客,多有人不亲土亲的乡谊。子瞻邂逅乡僧,写下乡情浓郁的诗篇:"万里家山一梦中,吴音渐已变儿童。每逢蜀叟谈终日,便觉峨眉翠扫空。师已忘言真有道,我除搜句百无功。明年采药天台去,更欲题诗满浙东。"远离家乡千万里,游宦浙东,孩子渐已习惯吴侬软语,邯郸学步般忘失了乡音。异地巧遇有道乡僧,畅谈终日,一扫思乡的愁绪。

熙宁六年冬,苏轼再访文长老,不巧老衲僧已卧病在床,子瞻有诗:"夜闻巴叟卧荒村,来打三更月下门。往事过年如昨日,此身未死得重论。老非怀土情相得,病不开堂道益尊。唯有孤栖旧时鹤,举头见客似长言。"去年惊喜相遇,恍如昨日,如今方丈大和尚沉疴卧榻,陪伴身旁片刻不舍的唯有一只鹤鸟,老僧孤鹤,构成一幅孤寂、冷清的场景。

熙宁七年,大诗人三度过访嘉兴永乐院,惊闻文长老已经圆寂,子瞻写下《过永乐,文长老已卒》一诗,抒发内心的悲怆、哀思:"初惊鹤瘦不可识,旋觉云归无处寻。三过门间老病死,一弹指顷去来今。存亡惯见浑无泪,乡井难忘尚有心。欲向钱塘访圆泽,葛洪川畔待秋深。"苏轼三年之间三次拜访文长老,却历经了文长老生、老、病、死的一生,而这过去、现在、未来的生死一生,仿佛少壮一弹指那么刹那短暂、无常变幻,令人不胜唏嘘!诗人期待自己和文长老,能如唐代圆泽禅师与李源一样,缔结三世的道情法缘,再度重见。

根据唐代袁郊《甘泽谣·圆观》记载:僧圆观(即圆泽)与文士李源交游,临终时与李源相约,十二年后中秋夜见于杭州天竺寺外。李源如期赴约,无处寻访之际,忽见葛洪川畔,有一牧童吹着竖笛,歌曰:"三生石上旧精魂,赏月吟风不要论。惭愧情人远相访,此身虽异性长存。"圆泽化身牧童,来会昔日挚友。苏轼诗中善于化用佛学术语,引喻佛教典故,不仅僧俗之间身份贴切,并且借此寄寓缁门情谊之淡泊真淳,更见其创作艺术之高妙。

养鼠为患

妄想饱食无祸的鼠辈小人，落个遗臭人间的命运，
纵容宵小如此狂诞暴狠的主人，更是始作俑者。

柳宗元参与"永贞革新"失败后，偕着老母亲、堂弟宗直、表弟卢遵，被远谪至荒僻的永州长达十年之久，母死弟亡，成为柳宗元心中永远的痛楚。继而又被贬到更南荒的柳州，最后双目失明，以四十七岁的风茂年华含冤贬死。诗人虽然长期生活在屈辱、罢黜之中，却因此更接触到社会的底层，对于民间的疾苦、朝政的腐败、官僚的残暴，有更深刻的认识。诗人于是以敏锐的文学观察、深沉的笔力，对唐代社会的矛盾现象提出针砭。脍炙人口的《三戒》以寓言形式，淋漓酣畅地嘲讽了得势小人。

《三戒》由三篇寓言小品构成，《永某氏之鼠》借喻永州有一愚昧百姓迷信占候卜筮，生活中诸多禁忌。此人

出生于"子"年,依照天干地支的顺序计算,肖属子神老鼠。愚夫一心认定老鼠是自己的本命,因此特别钟爱鼠辈,家中不许畜养猫犬,并且严令僮仆不可捕捉、伤害老鼠,任凭它们进出谷仓、庖厨啃噬粮食,几乎到了"爱鼠常留饭"的光景。

某氏家的老鼠们每天过着食不匮乏的优渥生活,不仅不知收敛,并且荒唐地昭告天下同类,说自家主人如何宽待它们,邀请普世所有鼠辈们都同来享受荣华富贵。老鼠们从此以某氏家为安乐窝,白昼排列成行,大摇大摆和愚夫同进同出,毫无畏惧之色;晚上咬啮东西,也不知遮掩,发出巨大的声响,打架互殴,逞凶斗狠,惹得某氏一家人无法安眠。老鼠们打坏了某氏家的器皿,几乎没有一个完好的家具,咬破了衣柜里所有的华服,没有一件可以幸免。某氏一家人每日吃的食物是老鼠们吃剩的东西,仆人们担心会传染鼠疫,极力劝谏主人要扑灭鼠害,但是主人愚昧、顽冥、固执极了,坚持自己和老鼠是生命共同体,三令九申保护宵小鼠类到底。

如此经过几年,愚夫一家人不堪老鼠贪婪、猖獗的骚扰生活,终于搬离了永州,迁徙到别州。有了前车之鉴,从此捕捉老鼠特别勤快。永州老屋搬来了新的主人,老鼠们不知道新主人新作风,不知大祸即将临头,却重施鼠窃狗盗的伎俩。新主人看到满屋奔窜的老鼠,嫌恶地说:

"这些阴类恶物的老鼠比盗贼还令人憎厌,它们为什么如此地张狂、肆无忌惮呢?"于是命令仆人饲养五六只猫,把猫放入关闭的房屋内,备置各种的捕鼠器,用水灌入老鼠洞,并且重赏童仆,展开一场惊心动魄的人鼠大战。捕杀的老鼠堆积如山丘一般高,鼠臭连续了几个月才消去。

柳宗元以幽默诙谐的笔法,描写唐代政治现象中倚仗人势、不学无术、窃时肆暴、贪婪嗜取的小丑人物嘴脸,讥切时弊,寓意深远,具有诗人的美刺精神。那些贪取无餍,妄想饱食无祸的鼠辈小人,落个遗臭人间的命运,固然令人可悲可厌,而纵容宵小如此狂诞暴狠的主人,更是始作俑者,令人扼腕可恨!

东坡的痛

困厄中的苏轼，
以仁习悲怀贴近众生的忧悲，温润众生的苦难，
是个关怀人文的达观智者。

　　北宋大文学家、大政治家苏轼留给民间的是"一屁打过江""牛粪心"等促狭、慧黠、耍聪明的刻板印象，历史上的东坡只有姐姐，没有稗官野史所描写的苏小妹，秦观是"苏门四学士"中最受苏轼关爱的一人，但两人并无姻亲关系，秦少游更不是戏曲小说中所渲染的东坡的妹婿。现实生活中的苏轼的确充满幽默、诙谐、机智，同时更是个度量宽大、性格洒脱、富有人道精神的仁者。陷害他、罗织他入罪的章惇后来也遭到罢相，失去权势，东坡从海南岛获赦渡海北归，暂住在常州时，在京口遇到章惇的儿子章援，请求苏轼原谅自己的父亲。诗人不念旧恶回信给章惇，对他的落职表示同情慰问，展现东坡磊落、恢宏

的气度。

宋神宗熙宁七年,苏轼被任命为密州(今山东诸城)知州,迎接他的是"蝗旱相仍,盗贼渐炽"的萧条饥荒。连年的干旱不雨,加以蝗害肆虐,饥民沦为打家劫舍的盗匪,他一面要"磨刀入谷追穷寇",整顿治安,一面要"洒泪循城拾弃孩"(《次韵刘贡父李公择见寄》),亲自巡视城内,抢救被父母抛弃嗷嗷待哺的幼儿。他在《与朱鄂州书》中说:"轼向在密州,遇饥年,民多弃子,因盘量劝诱米,得出剩数百石,别储之,专以收养弃儿……所活亦数千人。"他号召百姓收养弃儿,并给予收养家庭补助义仓的口粮,救活了数千名的百姓与弃儿。在《和孔郎中荆林马上见寄》诗中,他惭愧自责:"秋禾不满眼,宿麦种亦稀。永愧此邦人,芒刺在肤肌。平生五千卷,一字不救饥。"民胞物与、爱民如子的州官形象,鲜明地跃然纸上。

元丰二年,御史中丞李定弹劾苏轼谤讪朝政,诗人获罪贬至黄州,史称"乌台诗案"。东坡在黄州贬所,发现"黄州小民贫者生子多不举,初生便于水盆中浸杀之",而"岳鄂间田野小人,例只养二男一女,过此辄杀之,尤讳养女……初生辄以冷水浸杀。"(《与朱鄂州书》)黄鄂两地均有溺毙婴儿的恶俗,他于是写信给素有孝行美名的鄂州知州朱寿昌,请政府严法惩戒,革除不人道的弊习。东坡并且举佛家慈悲教义说:"佛言杀生之罪,以杀胎卵为最重。六畜犹尔，而况于人……悼耄杀人犹不死，况无罪而杀之乎?"杀害畜生已经罪业深重，何况杀人？依据《礼记·曲礼》，古时候七岁小孩（悼）和八九十岁的老人（耄），犯了杀人重罪，况且不加刑罚，而小婴孩却无辜遭溺死，惨绝人寰，天理所不容。为了抢救这些襁褓中的婴儿，东坡乃"使率黄人之富者，岁出十千"，诗人自己"吾虽贫，亦当出十千"，大家出钱捐赠给无力抚育孩子的贫者，救下了一千多名小儿。

困厄中的苏轼，不暇自艾自怜，以"人溺己溺，人饥己饥"的仁心悲怀贴近众生的忧悲、温润众生的苦难，是个关怀人文的达观智者。

半山老人

王安石五十六岁,回到金陵度过最后的十年岁月。

自称为"半山居士",后世称他为"半山老人"。

　　北宋大文学家、大政治家、大思想家王安石,字介甫,两次拜相,和宋神宗携手致力于变法,推行新政,但是迭遭挫阻,最后以失败而收场,隐逸钟山,直至去世,享年六十六岁。晚年皈依佛法,甚至舍宅为寺,茹素持名,注解佛教经典,潜心于教理探究。

　　熙宁九年,王安石五十六岁,长子王雱病死,年仅三十三岁。心灰意懒的王介甫坚决请辞相位,神宗皇帝只好应允,他回到金陵度过最后的十年岁月。他在住所白塘建筑一座庭园,此地处于江宁府城东门和钟山的半道,因此命名为"半山园",诗人自称为"半山居士",后世称他为"半山老人"。

元丰六年,王安石病了一场,直至次年春才痊愈,感生命之无常,他上疏神宗:"臣荣禄既不及于养亲,雾又不幸嗣息未立,奄先朝露。"决定将自己的田产捐给蒋山(钟山)太平兴国寺,所收粮食岁课作为父母及儿子的佛事功德;并且舍半山园为寺院,乞求神宗赐名为"报宁禅寺",一家人则搬到江宁府城内,在秦淮河畔租赁一间小院,过着平静、恬淡的生活。王安石有《题半山壁》二首:"我行天即雨,我止雨还住。雨岂为我行,邂逅与相遇。""寒时暖处坐,热时凉处行。众生不异佛,佛即是众生。"王安石虽曾为宰相,权倾一时,神宗视为师友,君臣意诚相得,史上罕见。但是归隐蒋山时,平日出门只骑一驴,未尝乘马与肩舆(大车轿),居住房子仅遮风雨,不设百仞高墙。王安石深谙《华严经》"心佛众生,三无差别"的平等教义,从高高的殿堂走下,返璞归真与百姓一同呼吸。

投老山林的王安石片刻也没闲荡,他曾注解《金刚经》《维摩经》《楞严经》,《读维摩经有感》诗说:"身如泡沫亦如风,刀割香涂共一空。宴坐世间观此理,维摩虽病有神通。"《方便品》中维摩诘以病为因缘,展开一场不二法门的睿智对话,色身虽然如泡沫风响般无常幻化,但是透过暂时假有的色身,才能修证清净解脱的法身。逃离世间的痛苦淬炼,没有出世间的菩提可得,儒家孟子所言"生于忧患,而死于安乐也",庶几近乎此意。

王安石的长女嫁给吴安持,封为蓬莱君,因为想念父母,有诗:"西风不入小窗纱,秋气应怜我忆家。极目江南千里恨,依前和泪看黄花。"面对如此善解人意的女儿,王安石次韵二首诗:"孙陵西曲岸乌纱,知汝凄凉正忆家。人世岂能无聚散,亦逢佳节且吹花。""秋灯一点映笼纱,好读楞严莫念家。能了诸缘如梦事,世间唯有妙莲花。"每逢佳节倍思亲,重阳吹花节庆,对着菊花,吴氏女怀念起远在江南年迈力衰的父母,王安石却要女儿体会《楞严经》:"不取无非幻,非幻尚不生。幻法云何立?是名妙莲华。"世间因缘如梦幻,不可把握,亲情亦然,唯有佛法如妙莲花,常住不灭。白居易诗说:"人间此病治无药,唯有楞伽四卷经。"在波谲云诡的政治惊涛中翻腾一生的王安石,终于在佛法的彼岸找到了停泊的津渡。

《世说》中的僧人形象

作为了解魏晋佛学的著作，
《世说新语》是一部值得玩味再三的典籍。

　　《世说新语》是魏晋时代志人小说的名著，作者为南朝宋临川王刘义庆，并有刘孝标作注，注文和正文相得益彰，引用典籍达四百多种，今日大多已经佚失，透过刘孝标的注文，可以看到六朝当时有关的史书、地志、家传、谱牒等珍贵典籍。全书共分三十六篇、一千一百三十则，记载从东汉末年直到刘宋近三百年的遗闻逸事、社会风貌、人物形象，是了解魏晋风度、玄学思想不可或缺的文献，可补正史之阙，尤其本书保留魏晋当时口语，提供研究中古汉语变迁史第一手材料。建安七子、竹林七贤是其中的热门人物，佛教名僧如支道林、佛图澄、庐山慧远等人，也经常出现其间，兹举一二佛门掌故。

东晋征西大将军、成帝母舅庾亮一日到佛寺参拜,大殿中供奉着右胁而卧的丈六卧佛,随从甚为纳闷,佛像为何作躺卧姿势?庾亮回答说:"释迦牟尼佛因为五十年间摆渡恒河,点化迷津,身体疲累,今日因此侧身躺卧,寂灭养息。"大家对于庾亮的解释称奇赞叹,一时引为名言。

竺法深法师为简文帝的座上贵客,晋明帝婿、谢安妻舅刘惔故意质难:"你一个出家人,应该隐居在山林中潜修六根,怎么身涉红尘交往权贵,游于宫阙朱门,不忘俗世呢?"竺法深合掌胸前,淡淡地说:"皇族国戚在你看来是富贵之家,在贫僧眼中却如蓬门穷户一样。心中没有贫富、贵贱的差别,才能享受人生真正的大富大贵。"这就是所谓"居官无官官之事,处事无事事之心"不着不滞的空无智慧。

东晋高僧支遁,又名支道林,本姓关,河内林虑人(今河南林县),曾隐居于支硎山,世称为支公、林公,少而任心独往,风期高亮,二十五岁出家。两晋时大乘中观佛学初传中国,对于《般若经》的不同诠释,形成所谓的六家七宗,主要可概括为"本无宗""即色宗""心无宗"三宗,六家七宗为从老庄的"无"来解释般若的"空",是玄学化的般若学,史上称为格义佛教,其中"即色宗"的代表为支道林。支道林曾在白马寺和太常冯怀谈论《庄子·逍遥游》,认为"至人之心"才能逍遥,无待的圣人才能"物物而不物于物"，随顺变化，无所不适，提出向秀、郭象所未见的议论，时人称为解庄第一。

玄言诗人孙绰推荐支道林给王羲之，王羲之仗恃携迈之气，轻视支道林。一日，孙、支二人共乘一辆车舆到王羲之家，王总是设定界限，不肯与支道林交谈。支道林遂与王羲之畅言庄子逍遥义，才藻新奇，花烂映发，洋洋洒洒达数千言，王羲之惊叹感佩，于是敞开胸襟，直陈己见，二人谈论终日，流连不能舍离。

晋康帝皇后的父亲褚季野和名士孙盛对谈南北人的才性学问，褚季野说："北人学问渊综广博。"孙盛则认为："南人学问清通简要。"支道林听了，综合他们的看法说："圣贤之人不分南北，能够心领神会，得意忘言，不受语言拘泥；中等禀赋以下者，北方人读书，譬如在明亮处赏月，视野虽然开阔，但是心思却不够周密；南方人治学就像透过窗牖窥日，目标固然集中，但是眼界不够宽广。"支道林一语道破南北文化差异，可谓善知众生性。《世说新语》作为了解魏晋佛学的著作，是一部值得玩味再三的典籍。

无门关

能和历代祖师把手同行,一鼻孔出气,

同一眼见花红柳绿,同一耳闻鸟鸣蝉嘶,岂不畅快!

　　《无门关》一书为无门慧开禅师所著。无门慧开生于南宋淳熙(公元 1182 年)杭州钱塘的良渚,俗姓梁。跟随天龙肱和尚出家,遍访诸方古尊宿,向杨岐派第六世法孙月林师观求法,苦参赵州禅师的"无"字话头,六年间都未曾开悟,遂立下若稍睡眠,我身便烂却的誓言,刻苦勤奋不懈。一日,过堂用斋时,听到钟鼓、板磬的敲击声,身心如桶底脱落,豁然省悟,说偈曰:"青天白日一声雷,大地群生眼豁开;万象森罗齐稽首,须弥勃跳舞三台。"翌日,将偈子呈示月林禅师,月林说:"何处见神又见鬼。"无门大喝一声,月林也大喝一声,从此师徒心心相印,相许为同游法界的知音,《增集续传灯录》称之:

"自此机语吻合。"月林更举"云门话堕"的公案,为无门印证。

嘉定十一年(公元 1218 年),无门慧开禅师驻锡安吉山报国寺为住持,之后历任隆兴天宁寺、黄龙寺、翠岩寺、镇江焦山普济寺、平江开元寺、建康保宁寺住持,创建护国仁王寺。晚年,因为疲于接化参禅的学人,于是隐居于西湖畔。理宗召入宫中选德殿,请无门禅师宣说法要,并为久旱不雨的国家祈雨。不久大雨沛然而降,理宗遂赐给无门慧开金襕法衣,并敕封为"佛眼禅师"。

绍定元年(公元 1228 年),无门于东嘉龙翔寺结夏安居期间,应十方云水衲僧的请求,取古德公案四十八则汇编成《无门关》,认为参禅首先要参透祖师关,而赵州的"无"字便是宗门第一关,称之为"禅宗无门关"。"无"字既不是虚无的无,也不是有无的无,而是无色、无识、无形、无相、无善、无恶,超越对待、无分别心的"真实"。慧开的《无门关》是继承圜悟克勤、大慧宗杲的"看话禅"宗风,他主张:"大道无门,千差有路;透得此关,乾坤独步。"如果能够参透宋代看话禅第一关的"无",便能和历代祖师把手同行,一鼻孔出气,同一眼见花红柳绿,同一耳闻鸟鸣蝉嘶,岂不畅快!

《无门关》由慧开禅师的法嗣心地觉心(日僧)传至日本,德川家康朝盛行于日本;近代更由铃木大拙、绪方宗博等人翻译成英文,另外有德译本,流通于西方国家。本书直至今日仍为禅门接引学僧参公案的好教材,《赵州狗子》《百丈野狐》《倩女离魂》《庭前柏树》《牛过窗棂》《女子出定》等,都是其中深含禅趣的名篇。

种树哲学

"十年树木"的方法无他，要能顺应树木的成长规律。

唐宋古文八大家之一的柳宗元，他的散文内容丰富，成就卓越，真实反映唐代社会生活、政治情况的沉疴问题，实践他自己揭橥的"辞令褒贬""词正而理备"的文学观点。尤其是他的寓言讽刺文，更是短小警策，寓意深远，既表现出他杰出的美刺才能，更显现他温柔敦厚的诗心情怀。

贞元十四年至永贞元年（公元 798—805 年），柳宗元在长安为官，针对时弊，写下《梓人传》《种树郭橐驼传》等名篇。其中，《种树郭橐驼传》描写一个姓郭的种树人，因为他驼背如山峰隆起，俯身弯腰走路，好似骆驼一般，因此乡人戏称他为郭橐驼。他自己也觉得很贴切，遂舍弃本名。郭橐驼虽然佝偻曲脊,形貌异于常人,但是擅长种树,他所种植的树木高大茂盛,满树果实累累,而且无论移植到哪里,总是成长得非常苗壮。其他同业的人暗中窥探郭橐驼的培植方式,依法模仿试验,始终比不上郭橐驼的高超技艺。有好事者于是登门请教郭橐驼如何种植出壮硕的林木,引出一段睿智的种树哲理。

"十年树木"的方法无他,要能"顺木之天,以致其性",顺应树木的成长规律:"其本欲舒,其培欲平,其土欲故,其筑欲密。"树根要埋植深固,让它舒展自如,填坑盖根的泥土要不高不低,和地面一样平坦,并且要带有原来的旧土,封土时要捣筑得很扎实,如此便能本固而孳茂。种好之后,要坚守"勿动勿虑,去不复顾"的原则,栽种时仿佛抚育幼孩一样细心,栽好后如同抛弃鞋履,切忌旦视暮抚,已去而又复顾,甚至"爪其肤以验其生枯,摇其本以观其疏密",掐抓树皮来验察树木的荣枯,撼摇树干来观测封土的松实。如此刻意地揠苗助长,爱之反而害之,忧之恰巧仇之,不能随顺树木的自然本性,反而损伤它的生机。

"顺天致性"的种树道理运用于治人治国时,要能与民养息,不可以生事以扰民,逼迫百姓"早缫而绪,早织而缕,字而幼孩,遂而鸡豚"。抽好丝,织好布,养育好孩子,繁殖好鸡猪,增加国家财富税收,而政府本身"好烦其

111

令"，今朝制宪，明日修宪，朝令夕改，出尔反尔，不能居敬行简、顺性自然，国家将"病且怠"矣！

《老子》说："治大国如烹小鲜。"治理国家譬如烹煎小鱼，过度翻炒将粉身碎骨，不成形状；治大国尚且要如此戒惧谨慎，何况其他管理事业，更要抱持临渊履冰之心，护之爱之唯恐不及。

身形偻曲的郭橐驼以"顺性自然"的道理栽种出笔直的树木。清人蔡铸评论柳宗元此文说："牧民当顺民性，亦犹种树不可拂其性也。"顺民性就是知晓民意之所趋，民之所欲，心向往之！郭橐驼的种树之术何尝不是养人之道、治国之方。柳文乍读之下好似游戏小品文，细细咀嚼却是一篇寓含规讽的治国大文章，涉笔成趣，针砭时事，千年后览读之，仍然具有时代意义。

山水诗人谢灵运

谢灵运是一位佛学造诣深厚的大文学家，
更是第一位专业描写山水之美的山水大诗人。

魏晋南北朝三百多年间，是中国政治史上最黑暗的时代，王朝之间夺权斗争激烈，贤人名士惨遭杀戮；孔融、杨修、陆机和陆云二兄弟、嵇康等人，都成为政治倾轧之下的牺牲品。黑暗的边缘总是伴随希望的曙光，魏晋六朝如同鲁迅、宗白华所言，是人性自觉、人文觉醒的时代，不论文学、艺术、思想、佛学、美学理论，都有令人惊喜的成就。诗从《诗经》的四言一变而为五言诗，内容则有玄言诗、游仙诗、游宴诗、隐逸诗、田园诗、山水诗等种种的不同。

大自然，一直是诗人们乐于描绘的题材，东晋诗人陶渊明不为五斗米而折腰，甘冒冻馁之虞，归隐浔阳，耕作于田亩之间，繁华落尽见真淳，写下自然平淡的田园诗篇。相对于陶潜的田园诗，出身门阀世家的谢灵运则以千钧笔力，极尽模山范水之能事，是中国诗史上第一位自觉地以山水为主要审美主体的诗人，创作大量的山水诗。南朝宋诗人鲍照评论他的山水诗说："谢五言如初发芙蓉，自然可爱。"谢灵运被誉为山水诗的开创始祖。

谢灵运的九世孙、唐僧皎然在他的《诗式》中说："康乐公早岁能文，性颖神澈。及通内典，心地更精，故所作诗，发皆造极。得非空王之道助也？"谢灵运承袭其祖父谢玄的爵位，被封为康乐公，史称为谢康乐。他和佛教的渊源深厚，他精通梵汉，曾经和慧严、慧观共同将四十九卷本的北本《涅槃经》、六卷本的《泥洹经》，改译成三十六卷本的南本《涅槃经》。为了翻译音训的方便，他特别著作《十四音训》一书，条列梵汉，使文字有所依据，可惜本书已佚失，只残留一篇叙文。他著作《辨宗论》，宣扬竺道生的大顿悟思想，主张众生本有佛性，可以顿断一切妄惑，顿悟成佛，成佛不必历经阶位。谢灵运在论中说："今去释氏之渐悟，而取其能至；去孔氏之殆庶，而取其一极。一极异渐悟，能至非殆庶。"企图折中儒释二家学说，成佛希圣非渐悟积学所能成就，强调"理不可分义"，若能反本自心，便能见性成佛。

除了译经著论之外，谢康乐和僧人时有往来。义熙

114

八年(公元 412 年)慧远大师在庐山立台画佛像,自刻《万佛影铭》于石,叙述本事,并遣弟子往建康邀请谢客撰《佛影铭》。慧远大师圆寂时,谢灵运亲自撰写《庐山慧远法师诔》,自述:"予志学之年,希门人之末。""自昔闻风,志愿归依。山川路邈,心往形违。始终衔恨,宿缘轻微。"未能成为慧远大师的入门皈依弟子,谢灵运抱着深深的遗憾以终。另外,他曾和昙隆、法流等僧人携手同游峤嵊等名山大川,并且为昙隆法师写诔文。在《和从弟惠连无量寿颂》诗中说:"净土一何妙,来者皆清英。颓年欲安寄,乘化必晨征。"相约往生于西方极乐。其他从《和范特进祇洹像赞》《维摩诘经中十譬赞八首》《金刚般若经注》等诗文中,均可看出谢灵运对佛法的向往与赞扬。谢灵运是一位佛学造诣深厚的大文学家,更是第一位专业描写山水之美的山水大诗人。

厕中鼠与仓中鼠

李斯一生用尽心机要做仓中鼠，

偏颇的价值观使自己及家族丧身失命，并且使秦国沦亡。

　　秦国宰相李斯,本是楚国上蔡人,未显达时做一名小小的县吏。一日如厕,撞见厕所中的老鼠正在吃肮脏的秽物。老鼠一看到人,惊吓得四处逃窜,赶快匿身于洞穴。又一日,李斯进入吏所的谷仓,验收百姓的缴粮,巧见一只肥硕的老鼠大摇大摆地进出谷粒之中,正在大快朵颐享受美食,看到人影一点也不惶恐。李斯感喟不已:"人之贤不肖,譬如鼠矣,在所自处耳!"意思是说人的贤能不肖与否,没有绝对的标准,譬如同样是老鼠,厕中鼠食不洁之物,时刻要担心人类的捕杀;仓中鼠则天天吃囤积的米粟,却没有被杀害的疑虑。人生的境遇,只在于环境的顺逆罢了。少年的李斯从此立下不甘坐守厕中鼠卑贱穷困的志向,汲汲于权势富贵的营取。

他跟随荀子学习帝王之术,学成之后,他审时度势,认为秦国富兵强能够完成霸业,决定西行入秦。临去向老师辞别说:"诟莫大于卑贱,而悲莫甚于穷困。久处卑贱之位,困苦之地,非世而恶利,自托于无为,此非士之情也。"他认为身份卑贱是最大的耻辱,穷困是人生最深刻的悲哀。为了摆脱厕中鼠的窘厄境遇,有朝一日能够自处于仓中鼠的腾达地位,李斯不择手段努力攫夺,最后虽然位极人臣,但是把自己及家人推向毁灭的渊薮,老鼠终究躲不过主人的扑杀。

李斯初入秦,投靠于秦相吕不韦帷幕,得到吕不韦的赏识,擢为郎官。李斯因此得以亲近秦王,趁机游说秦王歼灭六国诸侯,成就天下一统帝业。秦王拜李斯为长吏,采用其计谋,离间六国君臣。秦国统一六国,李斯扮演了一定的历史角色。为了巩固秦王对自己的信任重用,李斯不惜陷害自己的同门韩非,使其冤死于狱中。秦王政十年,发生郑国间谍潜伏秦境的事件,秦国上下建议下逐客令,作为楚国客卿的李斯也在被驱逐之列。他于是写下洋洋洒洒的《谏逐客书》一文,列举秦四贤君因为重用客卿而强盛富国的事例,强调帝王有容乃大,逐客则为资敌,不利于秦。全篇比喻精彩,文气酣畅,是极尽文采之美的历史名作。李斯也因此为自己谋得丞相高位,他建议始皇帝废除封建,行郡县之制,不立秦国子弟为王、功臣为诸侯,以使后代没有战攻的忧患。为了控制天下人心,他怂恿秦始皇禁《诗》《书》百家著作,只留下医药、卜筮、种树之书,引发史上有名的焚书之事。秦始皇三十七年,始皇病逝于巡行途中,李斯为了保全权位于不坠,昏昧于赵高的威迫利诱,联手下了伪诏,赐死太子扶苏,逼死秦国大将蒙恬,立胡亥为秦二世,荒诞暴虐,国政旁落阉宦赵高手中,戮杀宗室元老,李斯最后落得腰斩咸阳、诛夷三族的悲惨下场。

李斯一生用尽心机要做仓中鼠,偏颇的价值观使自己及家族丧身失命,并且使秦国沦亡。清人龚自珍说士大夫常诫"为稻粱谋"。人生在世,为了糊口生存,固然要谋稻粱之资,但凡事不能均以利欲为目标,只为稻粱谋,李斯曾引其师荀卿之言"物禁太盛",盛极必衰,离毁灭就不远了。

鸥 盟

海鸥灵敏地感受到他的"诚心充于内,坦荡形于外",
因此可以坦荡荡生命相交。

　　《列子》有一则寓言:有一位青年非常喜好海鸥,他喜
欢观看鸥鸟展翅翱翔在波涛上的身影,因此每天清晨,总
会到海岸边欣赏群鸥迎风飞翔的壮阔场面。而海鸥们似
乎感受到这位年轻人的善意,纷纷停伫在他的四周,甚至
栖息在他的头顶、肩上,状极亲狎,没有丝毫的畏惧,更没
有防备人类的警戒心。人鸟一家亲,构成一幅和谐的
奇景。

　　年轻人的父亲知道儿子的习惯,对儿子说:"你每天
流连忘返于海滩,和海鸥嬉戏在一起,荒废了本业。明日
你和鸥鸟玩耍的时候,趁它们不备,抓几只回来给我当下
酒菜。"

第二天，年轻人一如往常来到海畔，海鸥成群结队地在空中盘旋，飞舞翻腾，但是任凭年轻人如何温柔地呼唤，竟然没有一只愿意降落沙滩，每只海鸥都充满惊慌的神情，远远地和年轻人保持着安全的距离。

《列子》一书评议说："至言去言，至为无为。齐智之所知，则浅矣。"最初这位童子因为纯真无机心，海鸥灵敏地感受到他的"诚心充于内，坦荡形于外"，人鸟一体，心物合一，互相没有猜忌，利害两忘，因此可以坦荡荡生命相交。等到童子的心机萌发，杀意显露，愈是真纯的生物，愈能审知细微的心识活动，人鸟之间两情已经乖背，海鸥们自然避之唯恐不及。物我之间，贵在诚信无心，如果"独矜其心智，则去道远矣"，自以为谋略高人一等，机关算尽，反而会失去最诚挚的朋友。澳大利亚有各种的珍奇兽禽，袋鼠、无尾熊等动物都不知躲避人类，那是当地人爱护动物如自己，彼此已经建立起生命共同体的"鸥盟"关系。

南宋大词人辛弃疾隐居上饶带湖时，作《水调歌头·盟鸥》一词："带湖吾甚爱，千丈翠奁开。先生杖履无事，一日走千回。凡我同盟鸥鸟，今日既盟之后，来往莫相猜。白鹤在何处，尝试与偕来。""壮岁旌旗拥万夫"的稼轩带着一万精兵，缚绑叛将张安国，献俘于杭州，后来被迫投闲置散，隐居带湖，刚好过了二十年。二十年间，作为来自沦陷区的归正人,他始终不被南宋朝廷所信任,南归后首先被解除了武装,他的万夫部众被当作流民而散置在淮南各州县之中,稼轩自己则浮沉于下级僚吏的官职,空有满腹文韬武略,满腔报国热忱,奈何见疑于朝廷,只落得将万字的平戎策略,徒然换成东家种树书。所以词人才要感慨说,君臣立下鸥盟之后,切莫再上下交争疑猜。

人对动植物如果保有一份善意爱心,动植物自然会回报予信任与真情,和人类亲近,甚至绽放最美丽的生命以取悦人类。人与人之间若能诚信无欺,一任白鸥来往本自无心,不忮不求,反而会圆满诸多善缘。

材与不材

如何在材与不材之间、有用与无用之际，
寻找出平衡和谐，需要中道智慧。

庄子在《山木篇》中对于人生的出处进退，提出了"材与不材"的精辟论点。一日，庄子带着弟子行走于崇山峻岭之中，只见林木蓊郁，一片树海。其中有一棵老树枝叶茂密，长得特别嶔崎，像青山一样耸峻。说也奇怪，伐木的人却兀立其旁，瞧也不瞧此树一眼。庄子好奇地问其故，伐木者回答说："此树无所用处。"庄子恍然大悟："这棵树因为不成其为木材，而得以终其天年，不被砍伐。"不材使大树逃过被伐斫的厄运，成为千年神木。

庄子师徒二人走出山谷，投宿于朋友之家，主人看到好朋友来访，殷勤招呼，嘱咐儿子烹鹅热情款待故友。儿子磨刀霍霍向群鹅，惹起一阵惊恐的聒噪声，童子问老爹:"每只鹅都养得非常肥硕,雄赳赳气昂昂,不过有一只很特别,却不会鸣叫,究竟要宰杀哪一只才好呢?""就杀那一只闷不吭声的呆头鹅吧!"白鹅因为不材,招来了杀身之祸。

把这些事看在眼里的弟子纳闷地问道:"昨天山中的大树因为不材,而免去斧斤的砍斫,存活了下来;今天主人的鹅却因为不材,而惨遭杀戮。为什么同样的不材之质,却有截然不同的境遇呢?夫子你又将如何自处呢?"庄子哂然一笑:"周将处乎材与不材之间。材与不材之间,似之而非也,故未免乎累。"庄子的意思是说要超越材与不材之外,不被俗累所羁绊,才能全身远祸,保任天真。

《人间世篇》里也有一则阐明无用乃大用哲理的寓言:有一位木匠到齐国去,路经一座庙社,社旁栽种一棵栎树,树荫如伞盖可以遮蔽一千头牛,一百个人手牵着手才能围住它挺拔的树身,枝干粗壮得可以制造几十艘船筏,观望的人潮如涌,但是木匠却瞧也不瞧一眼。随行的弟子啧啧称奇说:"自从跟随夫子学艺以来,从未见过如此上等的木材,为什么你正眼不瞧,疾行不辍呢?""这棵树虚有其表,一点也不坚实,把它砍下来做成船,会沉覆海底;做成棺椁,容易腐朽;做成家具,质地柔脆,容易毁坏;做成梁柱,容易长蛀虫;做成门户,因为吸水性强,潮湿易损败。它是一棵一无是处的不材之木。"晚上就寝时,栎树神进入木匠梦境,振振有词抗议说:"白天你把我贬得一文不值,说我是棵松散无用的树木。如果我和梨柚等能生长甜美果实的香树一样,势必为世俗人所攀折,自苦一生。无用正是我的大用,因为无用,我才能韬光养晦,不被砍伐,全命延年到今天。"

南宋豪放派词人辛稼轩《鹧鸪天》词:"不向长安路上行,却教山寺厌逢迎。味无味处求吾乐,材不材间过此生。宁作我,岂其卿。人间走遍却归耕。一松一竹真朋友,山鸟山花好弟兄。"人不能毫无才学,对家庭、社会、人类没有丝毫贡献,但是也不宜锋芒太露,招人猜疑和嫉恨,如何在材与不材之间、有用与无用之际,寻找出平衡和谐,需要中道智慧。另外,人生也不必媚于流俗有用的价值观,无用另有一番更宽广的天地。"天生我材必有用",超越有用、无用的两边,跳出材与不材的困境,活出真实的自我,就是大用的人生。

时然后言

不应当说话的时候，却抢着发言，叫作急躁；

应该说话的时候，偏偏不说话，叫作隐瞒；

不懂得察言观色，轻率胡言，叫作睁着眼睛说瞎话。

孔子在《论语·季氏篇》中，揭橥说话的注意事项："侍于君子有三愆：言未及之而言，谓之躁；言及之而不言，谓之隐；未见颜色而言，谓之瞽。"意思是说侍奉正人君子容易犯三种语言上的过失：不应当说话的时候，却抢着发言，叫作急躁；应该说话的时候，偏偏温暾木讷不说话，叫作隐瞒；不懂得察言观色，轻率胡言，叫作睁着眼睛说瞎话。因此在适当的时空，说出得体的语言，发出熙怡的音声，需要智慧的训练。《论语·宪问篇》中，孔子向公明贾请教卫国大夫公孙拔的言行，公明贾回答说："夫子时然后言，人不厌其言；乐然后笑，人不厌其笑；义然后取，人不厌其取。"说明公孙大夫为人真诚，不取不义，该说话的时候,当仁不让表达自己的意见,知道审时度势,因此人们不讨厌他说的话。"时然后言",掌握恰当的时机,表达恺切的见解,是高度的语言艺术。

《墨子》记载子禽问墨子说:"多言有益乎?"墨子曰:"蛤蟆、蛙、蝇,日夜恒鸣,口干舌擗,然而不听。今观晨鸡,时夜而鸣,天下振动。多言何益?唯其言之时也。"癞蛤蟆、青蛙日夜聒噪,苍蝇整天哼个不停,纵然鸣叫到口干舌燥,疲惫不堪,也没有人去理睬。不如"鸡鸣不已于风雨",司晨的公鸡每天黎明破晓时,便按时间啼叫,天地都为之振奋,人们则随之闻鸡起舞,开启一日的生活步调。像蟆蛙一样多言有何好处,话不在多,多言必失,在于适时发声。

佛教身口意三业中,有关口业就有妄语、两舌、恶口、绮语四种之多,占了十恶业的五分之二,因为口最容易惹事端,病从口入,祸从口出。许多不当的话不经心地从口中滑出,造成人我是非的困扰。四种口业之中的不妄语戒,意指本来子虚乌有的事情,却绘声绘色地造谣,把虚假的说成真实的是妄语;反之,真实的事情隐忍不说也是妄语。简言之,不该说而说,固然是妄语,该说而不说的也是妄语。从此点来看,佛教并不认同模棱两可的态度。

庄子曾提出说话应对有三种技巧:寓言、重言、卮言。寓言指言在此而寄意于彼。他人对儿子的称赞,比亲生父亲的赞美更能取信于人。重言就是引用大众所敬重的言论,如诸圣贤人的懿言佳辞,相当于佛教的圣言量。卮本来是一种酒器,装满了酒便倾倒,空荡时便仰立,随物而变化不执着。卮言就是随顺人、物、时、空的不同而作种种差别的立论,不偏执自己成见,表现一种谦冲、从容、圆融的修养。

常人每天都在喋喋不休地说话,不管用语言、手势,或符号,但是我们是否恰如其分说了该说的话? 还是群居终日,言不及义? 实在有必要检视自己的"话本"。

东坡与禅门轶事

身隐事物之中,反而不能客观地、全面地看到真相,
唯有跳出自我的迷执、局限,才能圆融观照事理。

顷读苏轼的文集,看到几则东坡和佛门僧人的交往
故事,略记如下。

苏轼,北宋名臣,字子瞻,号东坡居士,眉山人。传说
苏轼的母亲程氏曾梦见一位身躯瘠瘦、瞎了一眼的僧人
来叩门借宿,惊醒后不久便怀孕在身。苏轼的弟弟苏辙
在筠州当官时,和真净、圣寿两位禅师过从甚洽欢,一夕,
三人同样做了迎接五祖戒禅师的梦境。第二天,三人对
梦中事正在啧啧称奇时,苏轼却飘然而至,自称:"我七八
岁时,曾经梦见自己是个出家人,弘法利生于陕西东部
人。"真净禅师惊讶不已说:"太巧了!五祖戒也是陕西东
部人,晚年曾到筠州,最后坐化于大愚山。"是年,五祖戒

禅师刚好圆寂五十年,苏轼时年四十九岁,更巧的是五祖戒也一眼瞎眇。子瞻乃醒悟自己前身是五祖戒和尚,曾作《南华寺》诗自况:"我本修行人,三世积精炼。中间失一念,受此百年谴。抠衣礼真相,感动泪雨霰。借师锡端泉,洗我绮语砚。"从此以后,常常穿着僧衣,自称为"戒和尚"。

　　元丰三年,子瞻因为"乌台诗案",被贬至黄州,他曾应胜相院长老惟简请求,写了一篇记文,文中除了极尽笔力描写胜相院的庄严雄伟,并且从禅修的角度观照自己的遭致诬陷,实缘于口业不断:"我今唯有,无始以来,结习口业,妄言绮语,论说古今,是非成败。以是业故,所出言语,犹如钟磬,黼黻文章,悦可耳目。如人善博,日胜日负,自云是巧,不知是业。"东坡因诗文而名满天下,也因诗文而招祸。这篇夜半醉梦而起写于临皋亭的奇文,充分显现诗人"觉今是而昨非"、不怨天不尤人的磊落胸襟,王安石读了之后赞叹他:"子瞻!人中龙也。"

　　元丰七年,自黄州量移汝州,方外之交的挚友佛印了元新任润州金山寺住持,返庐山归宗寺办事,邀请东坡同游庐山,他于是和另外一位神交已久的参寥禅师重上匡庐,遍游十五六处奇景,在东林寺长老常总陪同下,登临西林寺,从庐山千变万化、神秘莫测的烟雨和云岚景致中,苏轼写下了三首诗偈,代表人生三阶段的省悟历程:

"溪声便是广长舌，山色岂非清净身？夜来八万四千偈，他日如何举似人。""横看成岭侧成峰，远近高低各不同。不识庐山真面目，只缘身在此山中。""庐山烟雨浙江潮，未到千般恨不消。到得元来无一事，庐山烟雨浙江潮。"身陷事物之中，反而不能客观地、全面地看到真相，唯有跳出自我的迷执、局限，才能圆融观照事理。尤其第二首的《题西林壁》诗，是北宋以来传诵千古的哲理诗。

净行生活

一样的食衣住行,有了佛法的内涵,
便有别一番的般若风光。

　　佛教流行一首诗偈,把佛陀一生说法的内容次第翔实地记载,让佛弟子很容易了解:"华严最初三七日,阿含十二方等八,二十二年般若谈,法华涅槃共八载。"作为最初圣教的一乘佛法——《华严经》,对菩萨道的实践与圆成有最严谨的体系建构,不管三十四品的《六十华严》,或者是三十九品的《八十华严》,《十地品》和《入法界品》是本经最为重要的两品,前者铺陈菩萨十地位的理论架构,后者又称为《普贤行愿品》,以一位善财青年作为实例,透过五十三位善知识的教导,终于圆成菩提。《华严经》如此的安排,显示出教义的理解和生命实践的两者不可缺一,强调悲智双运的必须性;而善财五十三参的塑造,则更凸显出世间善知识的重要性,这种思想甚至影响禅宗的六祖慧能。

除了上述两品之外,本经最为广大佛弟子所传诵的品卷为《净行品》,本品阐明大乘菩萨戒的一百四十一条德目,内容没有幽深难解的道理,非常契合日常生活的守则。其中"自归于佛,当愿众生,绍隆佛种,发无上意。自归于法,当愿众生,深入经藏,智慧如海。自归于僧,当愿众生,统理大众,一切无碍"的经文,经后世僧人将"归于"修改为"归依",把"绍隆佛种,发无上意"修改为"体解大道,发无上心",成为中国佛教徒千年以来每日早晚课诵必然念诵的"三皈依文",甚至皈依三宝,成为判别是否为正式佛教徒的依据。《华严经》对于中国佛教的影响之巨可见一斑。

一百四十一条的行愿,包罗各种检摄身心的规范,例如刷牙洗脸、沐浴穿衣、如厕抽解,乃至吃饭娱乐、行走道路、爬山涉水、人际应对,都有殷切详尽的教示,兹举荦荦一二条目如下:"嚼杨枝时,当愿众生,其心调净,噬诸烦恼。"古时没有牙刷牙膏,以咬嚼杨枝来净化口腔,心念同时要观想将烦恼秽垢一吐尽净。"大小便时,当愿众生,弃贪嗔痴,蠲除罪法。"上厕所大小便时,观想如同将根本烦恼的三毒蠲除于身心之外,如释重负自在解脱。得美食时,要能知足,心无羡欲。得粗涩食时,心不染着贪爱,起嗔恚分别的念头。总括言之:"若饭食时,当愿众生,禅悦为食,法喜充满。"如蜜蜂采蜜,不坏花形,但采其味。《净行品》将吃饭的哲学发挥到了极致,"禅味为食"遂成为佛门僧侣过堂吃饭的修持功行。而寺院的厕所也习惯张贴"大小便时"的条目,洗手台前则贴上"以水盥掌,当愿众生,得清净手,受持佛法",时时刻刻、处处在在提醒众生不可放逸六根。

禅门诗偈说:"平常一样窗前月,才有梅花便不同。"一样的食衣住行,有了佛法的内涵,便有别一番的般若风光。《华严经·净行品》为我们建构了清新、和乐的人生蓝图,生活可以过得更有智慧。

大人之行

大人者其实就是怀抱菩提心,悲悯度众的大乘菩萨。

《八大人觉经》是指八条"大人"必须觉知、觉察、觉照、觉悟的大事。

在家居士学佛,有一部简明又深意的经典应奉为圭臬,那就是《八大人觉经》。所谓《八大人觉经》是指八条"大人"必须觉知、觉察、觉照、觉悟的大事。大人又可称为大士、大师,在某一种学问、思想、艺术等领域学有专精者,便被尊称为大师,例如艺术大师张大千、摄影大师郎静山等,佛教界的长老如太虚大师、星云大师。我们称观世音菩萨为白衣大士,大士就是发大道心的菩萨。因此,大人者其实就是怀抱菩提心,悲悯度众的大乘菩萨。

在《中阿含·长寿王品》中有一部《八大人念经》,和《八大人觉经》为同本异译。仔细比较之,两者同中有异,异中有同,仍然有很大的差别。《人念经》主张摄持八种心念：无欲、知足、远离、精勤、正念、定意、智慧、不戏论。《人觉经》的八觉为：世间无常觉、多欲为苦觉、心无厌足觉、懈怠堕落觉、愚痴生死觉、贫苦多怨觉、五欲过患觉、生死炽盛苦恼无量觉。综观之，《人念经》注重自利自觉，强调个人的解脱，止于小乘自度自了的境界。相对于此，《人觉经》既有圆满自我慧命的自觉，更有成就众生菩提的觉他悲愿，尤其第六觉的布施行、第八觉的大乘心，展现大乘佛教利他觉他的菩萨道实践精神。因此，此经被誉为中国佛教从小乘佛教趋向大乘佛教的先声。

《人觉经》为安世高所译，短短三百七十二个字之中，提到生死有七处之多，以渐离生死起，以永断生死终，可见生死事大，超出轮回，解脱生死为佛陀说法五十年的基本教义所在。解脱生死虽然是根本教理，佛教徒们开口闭口"了生脱死"，并不是从此逃避世间，不问苍生问鬼神，竟日里闭眼枯坐，只管自家事。其实面对生死不惊惧，意念清明不颠倒就是了生脱死。

本经包含三大法要：（一）声闻乘四谛法：例如第二觉，知道多欲为苦，轮转于生死疲劳之中，是为苦谛；苦从贪欲积聚而起，是为集谛；若能修持少欲无为的道谛，则能证得身心自在的灭谛。（二）辟支佛乘十二因缘：例如第五觉，觉悟无明愚痴为生死根本。（三）菩萨乘六度：第六觉为布施度，第七觉为持戒度，第八觉为忍辱度，第四觉为精进度,第三觉、第五觉为般若度。短短的一部小经,融合大小乘佛学的精义于一体,言简意赅,结构严谨,方便佛弟子们诵念忆持,为佛学讲座中经常被讲说的精彩经典。尤其第六觉的名句"等念怨亲,不念旧恶",生命中难免会遭遇诸多的锤炼,如果把嗔恚的种子执持累世多生,辛苦受害的是自己。君子无隔宿之恨,不要把怨忿留到明天,譬如蜻蜓点水,随点随化,春波了无涟漪,便能坦荡荡过日子。

郑人买鞋

郑人宁可相信鞋样的尺寸,也不愿相信自己的脚。

      健壮的身体除了要有一个适合人体功能的枕头之外,更要有一双如履平地的鞋子。古人说高枕无忧,高枕可能压迫到颈脊,影响睡眠的质量,"落枕"甚至会对健康产生伤害,高枕并不绝对无忧。万丈高楼从地起,禅宗主张照顾脚下,养生之道要从双腿做起。两条腿每天长时间支撑几十公斤的体重,行走千里路,负荷之重可想而知,一双轻软、舒适、保健的鞋子,是生活中不必吝惜的必需品。脚下学问大,古来有关鞋子的典故也特别多。

      《韩非子》有一则发人深省的故事:郑国有一个人要去买鞋,为了精确起见,他先度量自己双脚的尺寸,小心翼翼地画在纸上,出门时却把鞋样搁放在床上。到了市集,千挑万选选中了一双好鞋,才蓦然发现忘记带鞋样,急忙奔回家去拿,再满头大汗赶回时,市集已经结束了,空忙一场,买不到鞋子。路人好奇地问他:"你买鞋为什么不当场用自己的脚试穿一下呢?"郑人理直气壮地说:"我宁可相信鞋样的尺寸,也不愿相信自己的脚。"

现代人愈来愈不珍视自己本真、本有的宝藏,过于依赖身外之物,好比郑人取鞋样,舍己足。但是鞋样尺寸再精准,终究比不上真正的两只脚。《大学》:"物有本末,事有终始,知所先后,则近道矣!"佛在灵山莫远求,舍本逐末,向外攀求五欲尘劳的结果,往往受役于物,丧失了心灵的自由,见不到真实的自我。譬如习惯生活于现代科技的人,凡事依靠计算机的操作,如果计算机一旦故障停机,人脑只好交给计算机摆布,一切动弹不得。

俗语说:"路在嘴边。"过去开车到某地,或者依循地图指南,或者询问路人,加上自己的谨慎判断,无碍地寻找到目的地。现在有了汽车卫星导航的设备,只要照本宣科跟着东转西绕,也能如愿到达目标,但是有时卫星导航也会状况百出。举个实例:某人想去拜访朋友,灵敏的导航设备却把他带到山巅悬崖边,指称湍急的溪涧是终点;另外有人则按照导航的语音指引,一头开进幽森的墓场。最后两人都运用自己的智慧,冲出重围,找到正确的方向。"何其自性,本自具足",人脑毕竟比计算机聪明。

看来鞋样图案只能作为参考,人生的道路要依靠自己的双腿,脚踏实地走出去。凡事不可拘泥于形式,食古不化,要能分清楚本末,守住根本,圆融通达,一切便能成办无碍。

疑与不疑

做学问要不疑处当疑,做人处世则当疑处不疑,
人生要当疑处不疑,不必疑处不起迷疑。

　　佛教主张众生的烦恼有八万四千种之多,可以概括
为贪、嗔、痴、慢、疑等五种根本烦恼。一般比较强调贪嗔
痴三毒的危害性,其实怀疑也是不可忽视的毛病。自古
以来因为疑心而败亡的事例不胜枚举。《列子》一书中描
述一农夫遗失犁锄而怀疑邻居所为,于是对方所有的举
止都是偷窃者的行径,等到农夫找到农具,邻居在他的眼
中处处显得忠厚纯朴,妄念不实迷惑真心。吴王夫差因
为中了越国的离间计,怀疑伍子胥的忠诚,逼得一代贤臣
愤而自刎,霸业毁于一旦。有人夜晚走暗路,把自己的影
子疑为鬼魅,杯弓蛇影,自我惊吓。夫妻眷属互相猜疑对
方不贞,家庭势必失去和乐,互信互谅何其重要!

《吕氏春秋》记载:孔子带着弟子们周游列国,到了陈国和蔡国之间断了粮,整整七天寸粒未进。夫子饿得头脑发昏,只能睡觉来打发饥饿感。迷蒙间,依稀看到颜渊讨米回来了,烧火炊煮,不多时饭香溢满一室,唤醒了辘辘饥肠。睁眼一看,却看到颜渊从饭锅中猛抓一把饭往口里送。饥饿让平时最行礼如仪的颜回也忘失了进退分寸,孔子轻喟一声,佯装没有看到学生的动作。弟子恭恭敬敬把香喷喷的米饭端献给老师,孔子若无其事地说:"刚才我假寐时梦见了我的父亲,你把饭弄干净,我想先祭奠他老人家之后才食用。"颜回听了着急地回答:"不行! 适才我煮饭的时候,不小心把煤灰掉到瓦甑之中,把饭弄脏了,我想把饭倒掉又可惜,因此便一把抓出来吃了。让夫子吃食不净的米饭已经大不恭敬,怎能再拿来祭奠您的父亲呢?"孔子慨然叹息说:"所信者目也,而目犹不可信;所恃者心也,而心犹不足恃。弟子记之,知人固不易矣。"意思是说眼见不一定真实,心里揣度不完全可信,我们的六根可能会蒙蔽我们的心性,看不到实相而作了错误的判断。认识一个人要从多方面去了解,不能因为一时偶然的表相,妄加猜疑、臆度而谬之千里。睿智如孔子因为疑心,对最为贤良的弟子颜渊都不免如此,疑病之可怕可见一斑。

《战国策》描写秦武王患疾,请神医扁鹊来诊断治疗。

扁鹊前脚才走,秦武王左右侍臣就进谗言:"大王的毛病在耳朵前面,眼睛下边。扁鹊未必能治好您的病,弄不好还可能让大王耳聋眼瞎。"秦武王把侍臣的顾忌一五一十告诉了扁鹊,扁鹊将预备针灸的石针丢在地上愤怒地说:"大王和懂得医道的人讨论治疗,又出尔反尔和不谙其道的人破坏计划。如果以这种猜疑无常的态度去治理秦国,只要有一次重大的因缘举动,秦国必然自取灭亡。"管理学上的重要理论:在上位的人要用人不疑,疑人不用,如此才能上下交相诚信,有志一同。

做学问要不疑处当疑,学习找出问题所在,名之为"学问"。譬如瓦特看到煮开水而发明蒸汽机,牛顿被苹果打中头而发现地心引力的道理。做人处世则当疑处不疑,疑则人人为寇仇,寸步难行;不疑则个个如亲人,天天都是好日子。如禅宗的提起疑情,小疑小悟,大疑大悟,不疑不悟,则是对生命彻底的觉迷启悟。人生要当疑处疑,不必疑处不起迷疑。

名实相符

机关算尽、伎俩人尽皆知的真小人固然让人可厌，

表面假道学、善于道德包装的伪君子更令人可憎。

《列子》一书中有一则有关放生的故事：邯郸附近的老百姓知道赵王喜欢放生，因此便捕捉了大量的斑鸠，并且特地选择于一年之始的元旦呈献给赵简子。赵简子十分高兴，重金赏赐献鸠的人，以彰显自己的悲悯胸怀。有一位食客异常地问他："您为什么选在正月初一放生？"赵简子洋洋自得地回答："正月初一象征大地春回、一元复始的良辰吉日，上天有好生之德，选择这一天举行盛大的放生仪式，可以大大显示国君对体恤生灵百姓的慈爱恩惠。"食客咄咄反驳："百姓们知道大王喜欢放生，竞相捕捉鸠鸟来迎合您的嗜好，一捉一放之间，死掉的鸟儿更多。大王如果希望鸟儿们活得好好的，不如禁止百姓设

网捕猎空中的飞禽。反其道而行,陷鸟儿于网罟之中,再刻意加以放生,譬如画蛇添足,施放的恩德不但无法弥补所犯下的过错,不当的放生反而是一种杀生的行为。"赵简子听了,下令全国从此不再举行放生。

中国佛教史上第一位设立放生池的人是天台智颛大师,放生本来是一件体爱众生的慈悲善举,但是经过不肖人士功利化的操纵,不但成为敛聚财富的手段,并且间接杀害更多的动物,破坏了生态平衡,违背大乘佛教众生与我同体共生的大悲精神。早在先秦时代就已经有放生的活动,中国人爱好放生其来有自,直至今日这种风气还方兴未艾,到处可见放生会的成立,借此致富扬名者比比皆是。但是只有大慈大悲而没有般若智慧,放生充其量只是愚昧之行。与其捉而又放地放生,不如平日对动物存有爱护之心,平等尊重一切生命,护生更重于放生。

佛教主张凡事要讲求中道,名过其实固然不好,譬如赵王借放生来标榜自己的慈悯恩泽,难免有盗名欺世之嫌。反之,过度的谦逊隐退,也会造成名实不符,蒙蔽了真相,于事有损。战国名家代表作《尹文子》描述齐国有一位黄公为人讲究谦虚,甚至到了不顾实际、自我贬抑的程度。他生有两个清丽貌美的女儿,但是他却经常谦卑地诋毁自己的女儿容貌丑陋,使得待字闺中的淑女始终没有君子来追求。卫国有位老大不小的鳏夫,不怕众议贸然娶了大女儿,娶进门一看,却是位国色天香的美人。女婿于是到处宣扬:"我的老丈人太谦虚了,故意贬低自己的女儿。我的妻子如此貌美,她的妹妹想必也是位清秀佳人。"于是国中的人竞相去求婚,果然窈窕美丽的妹妹不久就完成美满的婚配。

明明是美人却说成丑陋,黄公违名而得实的矫情做法,差点耽误了女儿的终身姻缘。不管名过其实,或者实过其名,都是一种沽名钓誉的虚荣心理。机关算尽、伎俩人尽皆知的真小人固然让人可厌,表面假道学、善于道德包装的伪君子更令人可憎。心行一致、表里真实是做人基本的中道修行。

胡子无须

就寝时,是将胡须放在棉被内或棉被外?

平时不在意胡须存在的蔡君谟,当晚一番用心,

忽而棉被内,忽而棉被外,折腾了整夜无法入眠。

黄龙慧开禅师,南宋杭州钱塘良渚人,生于孝宗淳熙十年,理宗景定元年迁化,世寿七十八岁(1183—1260年)。绍定元年,禅师四十六岁时,曾任温州永嘉江心山龙翔寺住持。龙翔寺为当时十大名刹之一,十方云水僧钦羡慧开禅风,纷纷前来参访,黄龙随机接众,提拈古人公案四十八则,指引禅僧迷津,后来将四十八则公案编纂成籍,取"佛语心为宗,无门为法门""透得此关,独步乾坤"的旨趣,将书定名为《无门关》。

《无门关》的公案则则精彩,耳熟能详流行于禅门的例子更是不胜枚举,例如赵州狗子、百丈野狐、香岩上树、南泉斩猫、即心即佛等等。其中第四则为《胡子无须》。

一日,或庵师体禅师(《碧岩录》作者圜悟克勤禅师的徒孙)上堂开示大众:"西天的胡子,什么原因没有须子?"西天的胡子就是菩提达摩祖师。达摩祖师的图像不管纸绘、绢画、木雕、铜铸,都留有满口的络腮胡。高额、铃眼、须髯是达摩的主要象征,没有了髭须的达摩像不成其为达摩,因为有胡子才叫作胡子。因此没有胡须的达摩,是个不合常理的矛盾命题。

宋神宗时代,有一位大臣蔡君谟长了一脸长胡须,人称美髯公。一日皇帝戏谑问之:"爱卿就寝时,是将胡须放在棉被内或棉被外?"平时不在意胡须存在的蔡君谟,当晚一番用心,忽而棉被内,忽而棉被外,折腾了整夜无法入眠。心中如果无一杂念、妄念、想念,也就是慧能禅师所谓的"无念、无住",便能天地宽阔,神游法界。慧开在《无门关》第十九则揭橥:"若无闲事挂心头,便是人间好时节。"日日都是好时节,只因为心中有了痴迷、忧思,遮蔽心地的清明,便无法享受春花秋月的风光。

开创曹洞宗的洞山良价,幼年时曾指着自己的鼻耳问剃度师父:"我明明有眼耳鼻舌等六根,为什么《般若心经》说'无眼耳鼻舌身意'呢?"面对如此犀利的质问,师父又惊又喜:"四小不可轻,你是法门龙象,不能困在我这个小池塘。"赶忙把良价送到名师处去调教。《心经》说:"色不异空,空不异色。"有就是无,无就是有,有时不觉得有,无时不作无想，不执取一法，自陷牢笼。例如忘却自己的身体时最健康，如果阅读报章杂志老是注意肠胃的保健、医疗问题，表示肠胃有了毛病。欣赏影剧、聆听音乐，乐在其中，忘掉自己的存在，最是快乐幸福。有心有念，就有挂碍，依《心经》所说，有挂碍便不能菩提萨埵，解脱自在。无心无念，无烦恼的妄念，也无解脱的净念，胡子有无胡子皆两忘，以无所得，故能圆融无碍。

有念是凡夫，无念是佛。黄龙慧开评颂说："痴人面前，不可说梦；胡子无须，惺惺添懵。"西天胡子可以是禅宗史上西来传法的达摩祖师，也可能是每个人胸中的无须达摩。有无一如的无须达摩需要我们亲自去实参实悟，不能假手他人，更不是观念与意识的游戏，否则只徒增迷惑。

黄檗宗师隐元

作为明末一代高僧,隐元禅师的器识、智慧,
数百年后仍辉照于历史。

    日本的禅宗分为三大派:临济宗、曹洞宗、黄檗宗。
南宋孝宗乾道四年(1168 年),二十八岁的荣西搭乘船来
到中国明州,登天台山,得法于虚庵怀敞,为黄龙派第八
世,返日后创临济宗。南宋宁宗嘉定十六年(1223 年),
二十四岁的道元抵浙江庆元府,后登天童山,参随于长翁
如净,因一句"身心脱落,脱落身心"而开悟,五年后返回
日本创曹洞宗。

    临济、曹洞宗的开创祖师,皆是日僧远渡重洋至中国
求法,发展出本土化的日本佛教宗派;相对于此,黄檗宗
的创始者,是明朝遗民的隐元隆琦,于南明永历八年
(1654 年),应日本缁素的邀请,赴日建万福寺,开宗立

派。三百五十余年的今日，仍然保持明代的遗风，不管寺院名称、伽蓝建筑、清规仪式、梵呗唱念，依旧沿用中国佛教风格。1977 年秋，我负笈东京大学前夕，曾到京都的黄檗宗万福寺，听到该寺的僧人们以中国话唱诵出地道的海潮音《炉香赞》，为之震撼，感动莫名。

隐元隆琦禅师俗姓林，名曾昞，明代福州福清人，兄弟三人，排行最末。六岁时，因父亲赴楚地，断绝音信，遂感人生之无常；二十一岁出外寻父，至南海普陀山礼观音，萌发菩提心，皈依三宝；旋即返故乡，披剃于鉴源兴寿座下，参学于密云圆悟门下，两年后大悟，与师密云同返黄檗山，创建狮子岩道场，后更嗣法于费隐通容，为临济正传三十二世，大力复兴黄檗山佛教，有弟子三百余人，得法嗣者二十三人。其中日僧铁眼道光，曾刊行黄檗版藏经，佛光山存有一套。由于临济义玄的师父希运禅师，同样出身于福建福清，并且出家于黄檗山，因此隐元一面弘扬临济思想，一方面大兴黄檗宗风，黄檗山俨然成为明末南方禅宗的重镇。

明崇祯十七年（1644 年），闯王李自成破北京，崇祯皇帝自缢于煤山，明朝灭亡，南方尚遗有明王室的几个政权：江苏省南京的福王弘光、福建省福州的唐王隆武、浙江省绍兴的监国鲁王、广东省肇庆的桂廷永历，前后不满十八年的短暂王朝，史上称为"南明"。

面对国家的动荡劫难,隐元感慨欷歔。为了保护明代的文化,延续佛教法脉于不辍,恰巧日本长崎兴福寺的住持逸然性融四次致函隐元东渡传法,弟子们伏跪哭留,声振泉石。隐元对弟子们说:"诚不可掩,信不可失……吾应之三年而后归山,以满彼此之愿,是老僧平素之本怀也。况达摩亦有中华之游,不有当初,焉有今日,大众息然。"隐元禅师要效达摩"祖师西来意",信守然诺,为法忘躯,把佛法传播于隔着千里波涛彼岸的东瀛,只是为了慰藉弟子的思念,订下三年之约。永历八年(1654年)5月,隐元以六十三岁高龄东渡日本,近二十年间宣扬黄檗禅法,终其一生都未曾回到中国。他一面"喜黄檗之将成,怒臊腥之纵横;哀生民之无归,乐扶桑之太平",欢喜禅宗"一叶西来祖道东兴"得以盛行于日本;一面又难抑故国之思,"劫烧江山尽带愁,愧无妙法解心忧。空余几点寒岩泪,并作云涛洗旧羞",流下忧民悯世的清泪。

作为明末一代高僧,身处乱世而有高瞻远见,抱持"天变而道不变"的文化使命,将黄檗宗从福建山间推向东瀛日本,在异国外邦完整保存了中国特色的禅宗法脉,跻身日本禅宗三大宗派之一,至今仍有四百四十余处寺院,使中国本土的黄檗宗一跃而成为世界性的佛教,隐元禅师的器识、智慧,数百年后仍辉照于历史。

寻找禅宗

直至今日,禅宗依旧深为世界潮流所重视,
展现它的新生命力。

　　4月7日至18日,《人间福报》为了庆祝创报五周年,
举办"禅宗之旅",寻找禅宗法脉传承的活动。1999年,
我在"9·21"大地震后接下救灾总干事职务。救灾过程
中,我发现媒体的选择性报道,刻意遗忘一些事实。国际
佛光会世界总会临时会议中,来自全球的代表们一致建
议星云大师创办一份客观、公正、正派的报纸,从佛教观
点来检视社会现象。当时我个人正忙于博士论文的撰
写,仓促中衔命把《人间福报》办了起来,忝为发行人和社
长的自己,日夜思考如何充实福报的内容。一日,和"大
陆寻奇"制作人周志敏小姐、香海文化的永均法师、福报
总编辑永芸法师闲聊,我突发异想,建议可以举办"禅宗

之旅""石窟之美"等巡礼活动,既可将过程制作成立体的电视节目,也可作为平面媒体的深度旅游报道。其中几经波折变化,个人卸下了《人间福报》的工作,五年后由永芸法师执行了当初不成熟的"意念",不能不佩服她的魄力与勇气。

我对禅宗有一份特别的相应与偏爱,作为中国化佛教的代表宗派,禅宗至今日仍然是中国文化的核心思想,世界显学。有趣的是,禅宗的初传东土是从南方而北方,又从北方而南方,乃至湖北、江西,走遍江湖,甚至远至敦煌(敦煌发现了手抄本的《六祖坛经》)。

南朝刘宋时,菩提达摩远涉山海,登陆广州,至梁都和武帝展开对话。由于南方义学兴盛,梁武帝尤其精于涅槃学,达摩重禅观,彼此不对机,遂游化北魏。而北方盛行小乘禅学,主张修持"观身不净、观受是苦、观法无我、观心无常"的四念处,而达摩所传的大乘禅观,提倡"二入四行"(理入、行入,行入分为报冤行、随缘行、无所求行、称法行),遂被视为异端。达摩于是至河南少室山面壁九年,以壁观教人安心。后传法神光慧可,于河南安阳、河北滋州宣扬大乘禅学,不容于当时教界,传说慧可左臂系为贼人所断。慧可于是南下至安徽岳西县境的司空山,潜隐茅棚,保任守道,等待机缘传法予有缘人。司空山环境艰苦,二祖有诗自况当时景象:"跃过三湖七泽中,双肩担月上司空；禅衣破处裁云补,冷腹饥时嚼雪充。"一派禅者本地风光。

由于担心法脉的延续问题,慧可于北齐天保年初再次回到安阳,巧遇僧璨,将之带回司空山,并传衣钵给他说:"汝受吾教,宜处深山,未可行化,当有国难。"不久发生北周武帝灭佛事件。三祖几乎处于隐居状态,因此后世高僧传、传灯录都鲜有他的传记资料。

从初祖到三祖,实践头陀游化,衣钵单传；至道信、弘忍师徒二人,分别在黄梅双峰山、冯茂山,开创了"东山法门",一时门徒聚集七百余人,俨然成一宗派。慧能从岭南来至黄梅,又将祖师禅传回了广州,从此曹溪一滴水洒向了十方,一花绽放五叶,多方弘化,禅宗以贴近百姓的旺盛生机,传法而不传衣钵,虽经三武一宗的惨烈教难,仍然成为中国佛教的主流学派,降至宋代,子孙满天下的临济宗甚至衍生出黄龙、杨岐两派。后因士大夫的热心学禅,以禅喻诗,禅宗遂由唐代的"不立文字"一变而为宋代的"不离文字",进入文字禅的时代。直至今日,禅宗依旧深为世界潮流所重视,展现它的新生命力。